U0801863

手把手教宝妈开一家赚钱小店

李　松\著

中国市场出版社
China Market Press
·北　京·

图书在版编目（CIP）数据

手把手教宝妈开一家赚钱小店/李松著．—北京：
中国市场出版社有限公司，2021.11
ISBN 978－7－5092－2102－0

Ⅰ．①手… Ⅱ．①李… Ⅲ．①商店－商业经营 Ⅳ．
①F717

中国版本图书馆CIP数据核字（2021）第158015号

手把手教宝妈开一家赚钱小店

SHOUBASHOU JIAO BAOMA KAI YIJIA ZHUANQIAN XIAODIAN

著　　者：李　松
责任编辑：晋璧东（874911015@qq.com）
出版发行：中国市场出版社
社　　址：北京市西城区月坛北小街2号院3号楼（100837）
电　　话：（010）68033539
经　　销：新华书店
印　　刷：鸿鹄（唐山）印务有限公司
规　　格：160mm×230mm　　16开本
印　　张：12　　字　　数：220千字
版　　次：2021年11月第1版　　印　　次：2021年11月第1次印刷
书　　号：ISBN 978－7－5092－2102－0
定　　价：52.00元

前　言

新冠疫情突然到来，让很多行业都面临着巨大挑战，在这次挑战中，有的企业没能够扛过疫情的冲击，但是在疫情期间也有很多崛起的行业，它们的崛起虽然形形色色，但是细细总结你会发现，它们都有很多的共同之处，比如它们能够在没有客户进店的情况下，依旧可以完成商品的交付。

基于上述的市场大环境，基于时代造就的市场新秀——宝妈，基于加盟连锁的新思维“社交店商”模式，笔者将借助三个宝妈创业——从事社区书屋的历程，给连锁从业者、创业者、加盟商等类型的人群带去笔者最新的思考。

对于一个陌生的行业，如何借助互联网的力量进行市场调研，如何借助调研的结果建立自己的基础商业模式，如何在基础商业模式上建立行之有效的运营计划，如何借助自己动态的运营计划不断地调整自己的商业模式……这个过程是一个需要不断给自己打鸡血的过程，是一个全方位检验商业逻辑与实践能力的过程，是一个反复先破而后立的过程。上述内容仅为本书内容的一部分，在更大篇幅内，笔者将用浅显易懂的商业逻辑，给创业“小白”呈现一个说明书式的创业辅导。

从这个角度来撰写本书，旨在让盟主们了解如何服务好自己的加盟商，让加盟商如何正确地看待加盟式创业，让创业“小白”尽可能少走创业误区，让其他领域的连锁人能够从不一样的角度了解笔者最新的连锁经营心得体会。

目　录

第一章　开店故事：从零开始的小店

本章，笔者站在第三方的角度，重点描述了一个从零开始的小店，如何一步一步做成连锁店雏形的创业历程。笔者将商业模式、思维、工具、模板等方面的重点内容植入其间，以便读者可以通过创业故事的发展历程，详细了解创立一个品牌时，创始团队需要掌握的一些核心要素。

序号	本章学习要点提示
1	体会草根创业者的创业历程，特别是心路历程与商业布局历程
2	学会应用商业工具，高效解决创业中的问题
3	根据故事情节，提前熟悉本书后续详解的开店要点

第一节　都曾经是职场精英

当今很多女性为了家庭、为了孩子，不得不放弃事业，加入到宝妈行列之中，等到孩子上学了再去就业时，发现自己已经和社会脱轨，年龄也面临考验，想独立创业却没有经济支撑，又找不到合适的工作，该何去何从……

她们都拥有过自己的梦想，也都曾为了自己的事业目标而拼搏，都曾取得过不错的成绩，但是当宝宝降临的那刻开始，她们的梦想只能被搁置，这个搁置期可能是 1 年，也可能是 3 年，或许一辈子都不会再捡起。这些曾经叱咤风云于职场的精英们，就此远离了本属于自己的一片天地。

每天围绕着孩子转，渐渐成了生活的主旋律，之前的职场伙伴开始逐渐退出她们的视野，之前联系的朋友开始逐渐减少，她们的社交圈子开始逐渐缩小，甚至缩小至一个家庭范围。她们开始觉得自己的存在感被大大降低，开始焦虑，甚至开始怀疑人生。

这个时代发展的特点，既造就了女性叱咤风云的一面，同时也在她们即将腾飞时勒住了她们振动的翅膀，让她们不得不选择“相夫教子”。这是时代的现状，但这个现状一定会被打破，因为宝妈们也有实现自身人生价值的权利。

身边许多宝妈表示，时间完全不被自己所有，自己每天只负责花钱，而不能给家庭带来任何收益，尽管婚姻的另一半没有说过什么，但是自己的心里总不是滋味。自己也曾尝试过做微商，但是后来发现，自己不但没有赚钱，反而被身边的很多亲朋好友拉黑了朋友圈，真的需要责怪他们的无情吗？细想一下也不尽然，因为谁都不想被无关紧要的事情打扰。

作为宝妈，她们需要的不是为家庭创造多少收入，而是想让自己的人生价值得到实现，不想在浑浑噩噩中度过自己年轻的时光，更不想让自己慢慢地远离这个时代。

同在一个时代的天空下，社区中有这样一群妈妈，她们陪伴着自己的宝宝、教育着自己的宝宝，同时与志同道合的朋友们，一起做一份属于她们自己的教育事业。这个场景不是虚构，而是实实在在的存在，它的出现只是顺应了这个时代发展的需要。

在时代需求的推动下，三个孩子的妈妈们共同创立社区书屋，她们一个是拥有多年创业经验的燕子老师，一个是拥有丰富语文教学经验的娜娜老师，一个是独立创办过幼儿教育机构的田田老师。她们因为孩子放弃了曾经的梦想，但又因为孩子，她们重新找到了新的事业方向。

第二节　因为宝宝而觉察到机会

因为宝宝的关系，妈妈们彼此之间的交流多了一个新的话题，由这个话题向外延伸，让妈妈们拥有了新的社交方式（对于这个新时代的特点，可以参见本书2.1的内容），这种社交方式，笔者将其定义为“无公害式”社交。正因为这种“无公害式”社交，让妈妈们彼此之间更容易产生信任感，因为她们之间的沟通更能够走进彼此的内心。

燕子老师作为社区书屋的最早发起者，她的市场觉察就来源于自家的宝宝，她发现孩子特别喜欢听故事，每天如果不借助绘本给她讲几个故事，孩子都不会睡觉，于是她开始选择在网上大量购买绘本。刚开始购买绘本时，不觉得书会有多么昂贵，随着时间的推移，她发现这一本又一本的绘本加在一起的总额着实不低。于是燕子老师就在想，市场上有没有绘本租赁类的机构，这样可以通过租赁绘本的方式来满足孩子阅读、听故事的需求。市场远比想象中的要完善很多。于是，燕子老师通过其他孩子的妈妈们，打听到了小区附近的绘本馆，于是开始了通过“押金＋年费”的方式开启宝宝阅读的新方式。

通过为期近一年的绘本借阅，燕子老师发现了绘本馆的很多问题，比如：

- 更新的图书并不是孩子需要的
- 面对琳琅满目的图书不知如何选择
- 选回家的绘本，不知如何为孩子讲读
- 每月举办的故事会形同虚设
- 图书借阅的费用居高不下
- 绘本馆离家较远且不方便借还

面对这些问题，燕子老师开始思考，她是否可以开一个能够解决这些问题的绘本馆呢？由于燕子老师之前没有从事过教育行业，所以在真正决定做这个事情之前，燕子老师决定通过网络调研（网络调研的具体方式方法，参照本书 2.3 的内容）的方式来进一步了解绘本馆的市场情况。

通过网络调研、电话调研等方式，燕子老师得出了一个结论——这个行业 95% 以上的从业者都以微利、亏损的状态维持着。燕子老师开始怀疑这个行业不可行。然而，凭借对于市场的直觉以及不甘心，燕子老师又进一步地进行了深度型的市场分析，经过分析，燕子老师发现了这样一个现象：绝大多数的绘本馆只要开店，都能够在短期内吸收一定数量的会员，一般 3 ~ 5 个月后单店的会员数量会达到一个峰值，然后开始出现跌落，接着就是等这些会员慢慢到期后开始转店。

从上述现象来看，燕子老师得出了如下几个方面的结论：

- 市场有明显的需求
- 单店前期的投资额度，远远超出了单店后期的经营回报
- 单店在经营期间缺乏维系客户的活动、产品、服务等内容
- 单店的盈利项目相对单一

综合上述内容，燕子老师思考，既然市场有明显的需求，就说明这个市场有机会，只不过现在的经营业态不适合当下的市场经营环境。如果这个项目能够从如下几个方面对绘本馆进行重新设计（针对单店经营期间必须要掌握的投资预算与运营核算，可参照本书 3.1 的内容），那么这个项目就有可能会成功。

- 尽可能压缩前期的所有投资
- 增加梯队性产品，以及活动的设计
- 多元化的后端盈收项目

● 其他方面

第三节　寻找志同道合的创业伙伴

基于上面的思考，燕子老师决定，自己先做一个规划中的社区书屋试试，于是她拿着自己设想中的书屋原型，寻找到本社区内关系不错的宝妈群体，然后开始给她们讲述社区书屋的设计模型。也许是书屋的模型还不够成熟，也许是人与人之间的信任感还需要进一步增强，也许是大家还没有做好创业的准备（关于创业的话题，详见本书2.2的内容），也许是其他方面的原因，最终一个燕子老师认为最不可能成为她开启新创业道路的宝妈（娜娜老师），却成了社区书屋的第一个创始合伙人。

即使关系再亲近的合作伙伴，都应该将“先讲后不争”作为首要原则，即在项目开始之初，就制定好清晰的合伙规则，彼此之间清晰地知道各自的分工以及利益的分配等方面的内容。下面所援引的内容，即为社区书屋合伙人合作协议模板的部分内容。

社区书屋
合作协议书

众 筹 人：________________

签署时间：________________

合伙人一：____________________身份证号：____________________

合伙人二：____________________身份证号：____________________

现合股（合伙）开办______社区书屋______，全面实施多方共同投资、组建、合作经营的决策，成立股份制社区书屋。经过以上______方合伙人的平等协商，本着互利合作的原则，签订本协议，以供信守。

一、投资额及占股比例条款

出资的总额为：人民币（大写）：______万元，¥：______万元。具体每个合伙人的投资额及占股比例如1所示：

1. 投资额及占股比例一览表

序号	姓名	出资金额（元）	占股比例	出资形式
1				
2				

2. 本协议签署后的3个工作日内，各个股东将出资金额全款转账至本协议约定的指定账户之中，此账户也将作为日后账务报销的唯一指定账户。账户信息如下所示：

【开 户 名】

【开 户 行】

【银行账号】

二、股权份额及股利分配

1. 股权份额以第一条出资金额及占有社区书屋股份比例为准。出资各方以占有社区书屋的股权份额比例，享有分配社区书屋股利，各方按占有股份比例作为分配股利的依据。

2. 每年一月份汇总上一年度社区书屋盈亏状况，以作为各股东股利分配依据。社区书屋盈亏状况清算完毕后进行上一年度股利分配。

三、在合作期内的事项约定

1. 合伙期限

合伙期限为____年，自______年____月____日起，至____年____月____日止。至期限截止日后，如社区书屋正常经营，各方无意退出，则协议期限以____年为周期自动延续。

2. 入股，退股，出资的转让

A. 入股

①需承认本协议；

②需经入股各方同意；

③执行协议规定的权利义务。

B. 退股

①在本协议注明的合伙期限内，如社区书屋正常经营不允许退股；

②退股人的股利分配，以退股时社区书屋盈利状况结算清单为标准，按50%股利发放，入股本金1年后予以返还70%，如退股人3年内有从事本行业行为的，入股本金不再返还。

③若持股方多次给社区书屋造成重大损失，以至于损害其他股东利益，在对社区书屋损失进行估算及赔偿后，按照净身退股处理。

④未经协议人同意而自行退股给社区书屋与合伙方造成损失的，应按实际造成的损失进行赔偿，并不再发放当年红利。入股本金三年后予以返还，如退股人三年内有从事本行业行为的，入股本金不再返还。

3. 出资的转让

允许合伙人转让其在合伙中的全部或部分股份及财产份额。需要提前30日通知其他合伙人，在同等条件下，合伙人有优先受让权；如向合伙人之外的第三人转让，第三人应按合伙人对待。合伙人以外的第三人受让合伙企业财产份额的，经修改合伙协议即成为合伙企业的合伙人。除协议另有约定外，新合伙人与原合伙人享有同等权利，承担同等责任；新合伙人对入资前合伙企业的债务承担连带责任。

4. 合伙的终止及终止后的事项

（1）合伙因以下事由之一可终止：

①协议日期届满，全体股东同意终止合伙关系；

②合伙事业不能完成；

③合伙事业违反法律被撤销；

④法院根据有关当事人请求判决解散。

（2）合伙终止后的事项：

①即行推举清算人进行清算；

②清算后如有盈余，则按收取债权、清偿债务、返还出资、按股份比例分配剩余财产的顺序进行；固定资产和不可分物，可作价卖给合伙人或第三人，其价款参与分配；

③清算后如有亏损，先以社区书屋共同财产偿还，合伙社区书屋财产不足清偿的部分，由股东按出资比例承担。

5. 纠纷的解决

股东之间如发生纠纷，应共同协商，本着有利于合伙事业发展的原则予以解决。如协商不成，可以诉诸法院。

四、职能分配及议定事项

1. 在社区书屋成立后，所有股东应以不违反国家及地方法律法规为准则，本着以社区书屋利益最大化为目的，给社区书屋及员工创造一个和谐、稳定的生产及生活环境。

合伙事务由全体合伙人共同参与。若有争议，依半数以上的主导意见决定。合伙人无论出资数额大小，每人对合伙事务仅有一票表决权。

2. 经所有股东共同协商，委托____作为社区书屋店长，全权统筹协调处理社区书屋事务。其他工作岗位由所有股东共同协商指定。

3. 社区书屋日常运作，由店长及其他负责人共同协作完成，其他非指定负责人不参与社区书屋管理。

4. 如有以下重大难题和关系社区书屋各股东利益的重大事项，由股东研究同意后方可执行：

①特定岗位负责人的指定及罢免；

②新产品或设备的引进；

③社区书屋再投资事项；

④社区书屋章程约定的其他重大事项等。

5. 社区书屋每月要进行一次盘点，股东一起参与。

6. 社区书屋现金由______保管，账目由______保管。

五、保密条款

合作期间未经所有股东同意，不得泄露、告知、公布、发布、出版、传授、转让，或者以其他任何方式使任何第三方知悉本项目运营的所有制度、协议、价格、产品、服务、客户信息等商业秘密信息。

六、免责条款

如发生不可抗力，如自然灾害、战争等，致使本协议内容无法被履行，则视为各个股东自动退股，本项目自动终止。

七、其他条款

本协议未尽事宜由各股东共同协商。本协议一式____份，股东各执一份，自各方签字确认后生效。

合伙人签章

日期：　　年　　月　　日

第四节　谋定而后动才有胜算

确定好合作关系之后，需要将接下来要做的主要事情罗列出来，以便让项目的每一个参与者，都能够统一思想、明确目标、分工协作。笔者在此列示一下燕子老师的运营计划书目录，这个运营计划书并没有做得非常完善，因为这个计划书主要用来解决燕子老师当时最急需解决的几个方面问题，计划书里面的内容后期也成为《企业核心战略及商业主体运营计划》中的部分内容。

运营计划书目录一览

1　顶层商业模式思路

2　设计目的与宗旨

　2.1　目的

　2.2　设计宗旨

3　盈利模式设计

　3.1　盈利模型设计

　3.2　盈利状态预算

4　单店选址模型设计

5　运营人员设计

　5.1　组织架构与人员编制

　5.2　人员标准与合作要点

　5.3　薪酬结构

　5.4　工时设计

6　企业 VI 设计

　6.1　MI（理念文化）

　6.2　VI（平面系统）

　6.3　SI（空间系统）

6.3.1　功能区布局

6.3.2　空间设计原则

6.4　BI（行为系统）

6.5　BPI（流程识别系统）

6.5.1　会员办理流程与规范

6.5.2　管理捐赠图书流程与规范

6.5.3　日常接待流程与规范

6.5.4　图书借阅流程与规范

6.5.5　图书归还流程与规范

6.5.6　图书消毒流程与规范

6.5.7　新书入库流程与规范

6.5.8　绘本推荐流程与规范

6.5.9　污损书籍处理流程与规范

6.5.10　活动筹备流程与规范

6.6　AI（声音识别）

6.7　OI（温度、影像、气味、湿度、灯光）

7　营销设计

7.1　微信朋友圈运营

7.1.1　微信号装饰

7.1.2　标签

7.1.3　基础配置

7.1.4　日常发圈原则

7.1.5　日常发圈节奏

7.2　初始裂变活动

7.2.1　初始裂变动作

7.2.2　客户维系动作

8　投资与分润设计

8.1　单店投资预算与费用占比

8.2 利润分配

9 加盟设计

10 网络平台设计

10.1 会员管理系统

10.2 绘本店管理系统

11 市场布局设计

12 近期实施计划

13 资源需求

14 附件

附件1 设备/物料清单一览表

附件2 押金承诺书

附件3 绘本捐赠说明

附件4 绘本目录

结合上文所示的运营计划，整个书屋在有目标、有方向、有人员的前提下，开始了落地实施。在整个社区书屋落地实施的过程中，燕子老师着重体会到了如下几个方面的内容，如表1-1所示。

表1-1 社区书屋落地过程中燕子老师的感受

序号	详细内容
1	没有完美的计划，只有完善中的完美。再完美的计划，都不会一成不变，就像很多人错误地认为，企业的核心竞争力一直都不变。恰恰相反，企业的核心竞争力一直处于动态变化中
2	你认为合适的合伙人可能是最不适合之人。在自己创业之初，绝大多数创业者可能会选择找几个伙伴跟随自己一同创业，这些伙伴可能是你的亲朋好友，因为其他方面的志同道合让你们彼此之间的关系走得很近，而这层很近的关系最容易让彼此产生一种错觉，错误地认为彼此之间就是最合适的合作伙伴，但是在实际经营过程中你会发现，这些所谓志同道合的伙伴并不合适。究其原因在于你们彼此的共同点并不在创业的事情上。最合适的合作伙伴往往都在路上遇到，为什么会这样呢？最主要的原因在于彼此之间都想做成某件事情，而这件事情的完成恰好需要彼此间的配合，如此一来形成了奔跑路途上的亲密伙伴

（续表）

序号	详细内容
3	不要忽视你的另一半给你的支持。创业初期，最能够给你全方位支持的人只有一个，那就是你生命中的另一半。你的父母能够给你的支持可能是精神、金钱、资源等方面的，这些方面的支持对于绝大多数的创业者而言，都很难具备。而生命中的另一半给你的支持往往是身体力行、不计后果地往前冲，所以自古至今有这样一句话“夫妻同心，其利断金”
4	有节奏地进行规划实施。对于一个初创型的项目而言，每一件规划中的事情都需要去做好，但是人员有限、精力有限，甚至金钱也有限。面对这些事情出现时，最大的忌讳是“打肿脸充胖子”，而是应该静下心来去思考哪些事情是眼前最着急最重要的、哪些是很着急但是次重要，以此逻辑进行工作计划的实施，如此才能够让事情稳步推进、有序进行

第五节　分解计划才有执行力

在燕子老师看来，运营计划只能够起到引领大家目标一致的效果，但是接下来如何执行，还需要进行进一步的细致分工。这个细致分工的过程虽然会浪费一些时间，但是在整个推进项目的过程中这个所谓浪费时间的过程一定可以达到“磨刀不误砍柴工”的效果，于是，燕子老师召集了书屋的创始合伙人及其家属，共同制定了书屋项目的“单店筹备日常甘特图”，以此来进一步高效地推进这个项目的发展。“单店筹备日常甘特图”的内容如表 1－2 所示。

表 1－2　单店筹备日程甘特图

序号	工作内容	负责人	执行人	指导人	备注	完成周期	执行时间						
							1	2	3	4	5	6	7
1	选址			燕子		3							
2	装修			燕子		5							
3	采购图书		娜娜	李松		4							
4	制作环创品			娜娜		5							
5	购办公家具			娜娜		5							

（续表）

序号	工作内容	负责人	执行人	指导人	备注	完成周期	执行时间						
							1	2	3	4	5	6	7
6	物料采购			娜娜		5							
7	商品采购		娜娜	娜娜		5							
8	其他												

针对这些分解完成的工作内容，燕子老师及其合伙人开始了分工协作。在燕子老师看来，与其说是两个妈妈在忙活着书屋的前期工作，还不如说是两个家庭在共同创业，因为家属们都很卖力于这个事业。在笔者看来，这是一个非常良性的合伙状态，比如在麦当劳的加盟签约条款中，就会有家属同意这个条款，以此来解决创业人的后顾之忧，如此才能够全身心地投入到自己喜欢的事业之中。

第六节　绝对不能轻视的选址

确定了目标的方向之后，燕子老师带领伙伴们需要做的第一件事情，也是开设书屋环节中最重要的一件事情，就是选择一个合适的店址。基于社区书屋的属性特点，以及社区书屋的创业理念，燕子老师制定了选址（单店的具体选址策略，详见本书3.2的内容）的方向和相关的标准。选址的考量基于对如下几个方面的思考。

首先是创业理念，燕子老师和伙伴们想打造的社区书屋是一个让宝妈群体能够实现“照顾着宝宝、陪伴着宝宝、教育着宝宝，又能够做一个属于自己的事业”的项目。在此补充一点，社区书屋不仅开创者可以带着孩子上班，每一个来书屋上班的老师，都可以带着自己的孩子来这里上班，因为在书屋这个环境中，可以让孤独的宝宝们拥有一个玩伴，可以让宝宝们拥有从小沉浸在书香门第中的感觉。在书屋里的宝宝们可以一起看书、可以一起做手工、可以一起上课学习、可以一起外出游玩，还可以结交更多的小伙伴。基于这个思考，社区书屋首先需要考虑的选址地点即为社区内部。确定了选址的区域范围之后，接下来需要考虑的是，如何选择一个适合社区书屋开店的具体场所。经过一番讨论后，大家制定了一个精要版的选址标准，选址标准参照如表1－3所示。

表1－3　书屋的选址标准

序号	选址内容
1	人群年轻化比较明显的小区
2	入住率40%以上的小区，或居住户超过1000户
3	优先选择一层住宅，需要确定透明性，以防因为树木、建筑物遮挡而导致房间光线较暗
4	优先选择阳台朝向小区的出入口
5	优先选择三室的房屋，其次选择大两居室房屋，面积约100平方米
6	具备墙面基础刷白，地面无须处理，卫生间铺有地砖、装有马桶、有洗手池
7	避开需要加收转让费的房屋
8	房东可以帮助将室内的家具清空
9	可以通过物业和居委会寻找待租房
10	物业允许一层住宅从事商业经营活动
11	房东允许做粘贴、图画类的装修
12	靠近快递、便民超市类人流量比较大的社区站点

基于这个标准，大家开始分头寻找适合的房源。在小区内寻找合适的房源，可以通过如下几个方面的渠道（如表1－4所示）。

表1－4　书屋选址的渠道来源

序号	选址渠道
1	寻找小区附近的房产中介机构
2	向小区的物业打听需要出租房子的户主信息
3	通过小区现有的各类店主打听
4	独自在小区内扫楼式寻找
5	通过在目标社区内的业主群、团购群、快递站群等渠道发布租房信息
6	其他租房信息

功夫不负有心人。燕子老师与娜娜老师终于在春节来临之前寻找到了合适的店址。这个店址也是社区书屋的第一家店面，店面位置处于小

区 1 期和 2 期的中间位置，靠近社区的主出入口之一，背后有一个幼儿园。店址选好之后，接下来的工作就是对店面进行装修规划。

当然，选址在小区内，可能会让很多宝妈担心合法性的问题。基于这个问题，燕子老师特意咨询了律师，并且完成了合法性的布局工作。自国家放开了地摊经济政策之后，也开放了社区企业的政策。也就是说，70 年产权的房子，在不进行房产性质变更的情况下，就可以完成公司的注册工作。当然，对于不同的行业而言，可能会有不同的政策要求，但是对于一个主要以图书租赁业务和活动组织业务为主的社区书屋而言，国家的最新政策，刚好满足了社区书屋的刚性需要。

第七节　做一个有温度的书屋

拥有了一个合适的店址之后，接下来的工作就是要对这个店面进行装修规划。装修规划基于之前的设计内容，然后结合店面的实际情况，再作相关的调整，最后才形成实际的装修方案（如何装修一个符合市场需求的单店，详细内容可以参见本书 3. 3 的内容）。

“我们要做一个有温度的书屋”，这是燕子老师与娜娜老师一致达成的理念。什么叫做有温度的书屋，如表 1 –5 所示。

表 1 –5　有温度的书屋标准

序号	人员角色	温度来源
1	伙伴们	拥有家人间嘘寒问暖温度
2	宝宝们	感受来自父母的亲密温度 感受来自老师的关怀温度
3	妈妈们	感受远亲不如近邻的温度
4	长辈们	感受来自隔代成长的温度

针对这些理念文化，燕子老师与娜娜老师，决定先从装修方面着手，来计社区书屋的装修风格。有了整体方向的指引，店面的装修基本通过如下几个步骤来完成（如表 1 –6 所示）。

表 1 - 6　书屋装修的基本步骤

序号	步骤	说明
1	设计功能区	先找到店址的户型图，根据户型图的特点，分别将客厅、厨房、餐厅、卫生间、卧室、阳台等进行重新功能区定义
2	规划主要家具	依据功能区特点及具体的尺寸状态，规划好每一个功能区需要放置什么类型的家具，单个家具的尺寸需要控制在什么区间范围内，一个功能区大概需要放置几个同类的家具，某个家具在其他功能区中是否还需要放置
3	规划环创元素	秉承传统文化走进家庭的理念，社区书屋在主体的环创风格上，采用了简约式的中式环创风格，于是将十二生肖元素、四书五经元素、琴棋书画医武茶元素、二十四节气元素、古诗词元素等方面的内容融入其中
4	制定采购计划	将需要采购的家具明细、环创物料明细等内容制定出一份采购清单，然后安排专人去对应采购
5	其他方面内容	依据实际的装修理念、文化、成本预算等，再细微地调整整个装修风格

基于上面的装修规划设计，燕子老师及伙伴们认为，如果我们想在每一个社区都开设这样一个社区书屋，让绝大多数的宝妈群体，都能够在没有投资压力的情况下开办社区书屋，就需要我们不断地压缩社区书屋的前期投资。经过为期一年的努力，开设一个社区书屋仅需要几万元投资，就可以让宝妈群体拥有一个属于自己的事业起点。

为了让每一个宝妈都能够用最简单的方式，采购社区书屋经营所需要的物品，燕子老师及伙伴们将单店的采购内容做成了《单店设备、器材、物料手册》，此类型手册的设计思路如表 1 - 7 所示。

表 1 - 7　单店设备、器材、物料表

<table>
<tr><td>手册名称</td><td colspan="3">单店设备、器材、物料手册</td><td>编号</td><td></td></tr>
<tr><td>编制部门</td><td></td><td>审核部门</td><td></td><td>更新部门</td><td></td></tr>
<tr><td>手册简述</td><td colspan="5">本手册囊括了店面在开业前期，不同类型店面所需要各种类型的设备，以及不同类型设备所需要安置的区域位置</td></tr>
<tr><td>编制目的</td><td colspan="5">提高单店在筹备期间的效率和质量</td></tr>
<tr><td>使用说明</td><td colspan="5">查阅为主，必要的文件做成纸质版本供直接使用</td></tr>
</table>

（续表）

<table>
<tr><td>更新说明</td><td colspan="5">依据工作流程的优化、工作经验的积累，以及单店类型的变化等信息进行更新</td></tr>
<tr><td>更新频率</td><td colspan="5">本手册的调整频率相对较低</td></tr>
<tr><td>适用部门</td><td colspan="5">营建部或相关、相似部门</td></tr>
<tr><td>主要内容</td><td colspan="5">《单店设备、器材、物料手册》在编制过程中至少包含如下几个方面的内容：名称、参考图片、数量、参考单价（元）、品牌、材质、规格（厘米）、区域、用途、采购路径等</td></tr>
<tr><td>编制要点</td><td colspan="5">在编制该手册时，至少要注意如下几点内容：
1. 单店设备器材手册在编制之前，必须要将单店的各个功能区进行详细的划分，然后将店面的功能区作为本手册的一、二、三级目录；
2. 要将单店内所有设备器材的明细全部编制到本手册之中；
3. 需要按照不同店面的类型编排店面的相关设备器材；
4. 不要将单店软装部分的货柜、货架等物品编制至本手册之中；
5. 不要将单店内个性化的装饰物、陈列物、私人物品等编制至本手册中；
6. 在数量规定方面，不要将变量的数字填写至本手册之中，比如X餐饮品牌的旗舰店面积区间是230～300平方米，这家店面所能够陈列的桌椅板凳就是一个变量，在本手册中即无须规定具体的数量；
7. 本手册在编制过程中不要与加盟店配送物品明细混为一谈。</td></tr>
<tr><td>执笔人</td><td></td><td>审核人</td><td></td><td>审批人</td><td></td></tr>
<tr><td>参与人</td><td colspan="5"></td></tr>
<tr><td>本稿日期</td><td colspan="2"></td><td>修订批次</td><td colspan="2"></td></tr>
</table>

第八节　突然之间到来的疫情

2020年，这是不平凡的一年，这是让绝大多数人都会记忆一生的一年。在这一年中，因为受到新冠疫情的持续性影响，全球经济萎靡。在这种经济环境下，无力改变外部环境的我们，只能从内部去寻找新的突围方向。2020年春节，突然听到新冠疫情，身处江苏老家的燕子老师，并未将这个事情放在心上，依旧驱车前往了上海，抵达上海后才发现，这次疫情的严重性远超少年时经历的“非典”疫情，为了不被隔离在外地，燕子老师一路奔回北京。

此时的社区书屋正处于装修的关键时期，疫情爆发后，本来已经准备发货的物料、桌椅、书柜等必需品，都被通知暂时无法发货，不过值得庆幸的是年前采购的大部分图书还能够及时抵达。

为了应对这个尴尬局面，燕子老师及初创的团队伙伴们，用房屋内破损的床板、贴墙的壁纸等材料制作了书屋的第一个书柜；利用盛装桌椅板凳的纸箱，制作出了店内的各类型环创物品；同时借助社区内的“闲置物品”群，采购到了低价的书柜、桌椅等其他经营所需物品。

举这个例子是为了说明一件事情，即如果你打算做某件事情，摆在你面前的问题虽然会很多，有些可能会很难，但是这些问题一定有相应的解决方案，你要学会借助身边的力量、资源、工具、渠道、人脉等来完成。很多人选择在开始时就放弃了创业，有的人选择在创业之初放弃，有的则在同时面对几个难题时选择了放弃。实际上，无论是哪个阶段，最大的问题绝对不是问题本身，而是创业者的内心出现了问题，他会情不自禁地将一件小问题进行不断地放大，将几件无关紧要、不顺心的事情联系在一起，从而压得自己喘不过气来。如此一来，原本可以解决的问题，却成为创业者放弃自己事业的理由。

第九节 在疫情中突围的小店

因为疫情原因，社区封闭了接近一个月的时间，在这一个月内，社区书屋完成了初步的装修和布局工作，基本达到了可以对外营业的状态。火爆的开业典礼（针对单店如何设计活动，可以参见本书3.6的内容），无疑是在“顶风作案”。因为这种做法不适合当下，但是燕子老师又希望在最短的时间内，让这个新店能够被大家所熟知，这个心态相信每一个经历过创业的小伙伴都能理解。

为了做好相关的宣传工作，燕子老师采用“社交店商”模式中的社区社群模式，迅速建立了一个 200 人左右的社区宝妈阅读群，书屋开业的信息因此被传播了出去。但是大家因为疫情的原因不能上门，这是一个比较头疼的事情，意味着客户和书屋之间很难建立更深层次的黏性关系，从而无法开展后续的社群裂变动作。

面对这个问题，燕子老师和伙伴们经过了一番讨论之后，决定采用“非接触式送书服务”的方式来解决当下的尴尬局面。因为书屋所覆盖的群体主要集中在一个社区内，所以图书的配送半径不会特别大，工作量也就相对少一些。于是燕子老师和娜娜老师将每一本书进行消毒，然后用一次性的塑料袋包装好，从而完成图书的借与还。这个比较简单的运营方式，让书屋迎来了第一批会员。

待到社区的封闭措施相对宽松之后，被困许久的孩子们开始走进书屋，130 平方米的书屋一下子人员爆满。每一个经历了这个过程的小伙伴，看到这个场面都会为之感动，因为自己的付出没有白白流走，而是获得了每个会员的赞许，他们都认为书屋做了一件非常了不起的事情，因为这个时间段他们都被困在家里“养膘”，而燕子老师及其伙伴们却利用这个时间段给社区的宝宝们，创造了如此好的阅读环境。

故事讲到此处，社区书屋的第一个小店的第一个阶段，算是取得了阶段性的胜利。人气的涌入让燕子老师及其伙伴们更有信心。

笔者认为能够产生人气的地方就一定有机会产生“财气”。如何将“人气”转换成“财气”，这应是下一个阶段需要着重思考的问题。

第十节　书屋需要的不只是书

对于燕子老师而言，她不忘当初创立书屋的初衷，更不愿看到之前自己不喜欢的书屋经营状态出现在自己的书屋之中。她坚信“产品是根、模式是翅膀、人才是中心”的经营理念。

对于社区书屋而言，初创时的产品就是可供借阅的绘本质量。对于这些图书的质量，燕子老师从三个角度去理解，第一个角度是书籍的数量，第二个角度是图书的材质，第三个是和书籍相匹配的服务内容。对于燕子老师而言，她坚信专业的事情一定要教给专业的人士去做，否则只会造成时间、精力、金钱的浪费，于是燕子老师邀请专业从事绘本教育的老师，以及儿童心理学方面的老师，帮助自己参谋如何设计社区书屋的图书产品结构。

经过一番努力后，燕子老师及伙伴们制定出了相对科学的图书产品配置，之所以说相对科学，是因为娜娜老师还将会不断地向不同领域的儿童教育专家学习，不断地去完善图书产品结构的配置。现阶段的图书产品结构配置成果如表 1-8 所示。

表 1-8　社区书店的产品结构

序号	主题总类	细分类目
1	低幼启蒙类（0~2 岁）	黑白卡、彩色卡、洞洞书、布艺书、触摸书、胶片书、翻翻书、洗澡书、响响书等
2	家庭成员类（1~3 岁）	妈妈形象类、爸爸形象类、亲情类
3	生活认知类（2~6 岁）	生活用品类、蔬菜水果类、社会职业类、交通工具类等
4	性格养成类（2~4 岁）	勇敢类、不怕黑、自我认知类、梦想类、励志类、抗挫类等
5	情商交际类（3~6 岁）	情绪管理类、亲子沟通类、上学类、二胎类、友情类、逆商类等
6	习惯培养类（2~5 岁）	爱上刷牙、上厕所、阅读等

（续表）

序号	主题总类	细分类目
7	自我保护类（2~6岁）	身体类（不要随便让别人看身体）、生活类（面对坏人怎么办）、安全类（不要触碰电器插口、遵守交通规则）等
8	性启蒙教育（4~6岁）	异性交往类、性别器官类等
9	科普百科类（3~6岁）	动物类、植物类、恐龙类、科学类、地理类、宇宙类等
10	传统文化类（3~6岁）	千字文、四书类、五经类、生肖类、节气类、节日类等
11	思维训练类（2~6岁）	互动游戏类、想象力类、逻辑类、数学类、化学类、物理类、经典故事类、地板书类等
12	生命认知类（4~5岁）	生命认知类（如面对死亡）、动物类、家庭成员类、朋友类等
13	爱国教育类（3~6岁）	历史类、传统美德类、红色教育类等

完成表1－8中所示的分类之后，接下来需要做的工作就是针对这些类别，有针对性地进行绘本的选择。在此，娜娜老师着重强调一点，很多绘本馆之所以很难经营下去，最主要的原因是绘本馆的经营者只是做到了将图书搬到店里，然后交由家长们去自行选择，以此来完成图书的借阅服务。然而，实际上绝大多数的家长并不清楚如何给自己的孩子选择合适的图书。基于此，燕子老师着重从如下几个方面来做好这件事情（如表1－9所示）。

表1－9　帮助家长做好绘本选择的阅读指导卡表

序号	执行方面
1	让书屋的每一个经营者都能够系统地学习绘本专业知识
2	将不同年龄段的孩子应该选择什么类型的绘本做成阅读指导卡。将阅读指导卡展示于店面中，以便让家长能够借助阅读指导卡内显示的内容，有针对性地去选择图书。娜娜老师认为“没有最好的绘本，只有更适合孩子当下成长需要的绘本”。阅读指导卡根据每本书的内容，作出阅读提示。

（续表）

<table>
<tr><th>序号</th><th>执行方面</th></tr>
<tr><td></td><td>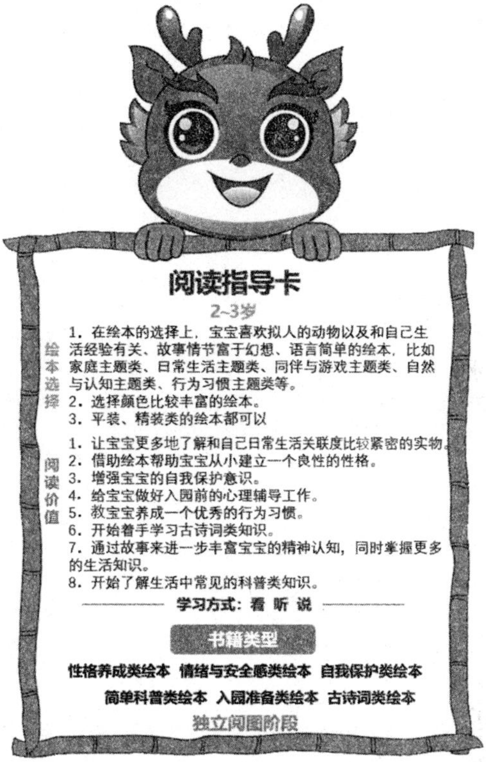
</td></tr>
<tr><td>3</td><td>对于新开的社区书屋，燕子老师一般都会让店内的主要经营者一本一本地将新书独立录入到系统之中，因为这个过程就是让书屋的经营者熟悉每一册绘本的过程，如此才能更有针对性地给孩子们推荐他们当下更适合的绘本。</td></tr>
</table>

上述人员、书籍的准备工作都做完之后，在书屋的经营过程中，还有一个非常重要的环节需要去准备，那就是让客户明白自己为什么要付钱办理会员（如何让自己成为商品的成交专家，详见本书3.5的内容）。无论是哪个行业，如果店面的经营者无法将客户买单的理由介绍得十分充分，客户流失的可能性就会非常大。因此，燕子老师和娜娜老师给家长提供了这样一篇文章，即为《致家长的一封信》，信件的主要内容如

下所示。

不要让无所谓影响孩子一生

现在越来越多的家长意识到从小培养孩子阅读习惯的重要性，但是对于相当一部分的家长而言，还停留在“无所谓”的状态，因为在他们的意识中还停留在他们儿时成长阶段的认知，比如：

1. 我们小的时候也没有读过这么多的书，不也取得了现在不错的成就吗！

2. 孩子不喜欢读书，任由其去做其他方面的事情。

3. 与其让孩子去读书，不如去学习英语、画画。

4. 只是将书带回了家，几个月可能都没有翻看过。

5. 拿回家的书给了孩子就算是完成了任务。

6. 其他方面……

面对上述的种种现象，不知看到这篇文章的你，是否也属于上述其中一员。如果是，请改变过往的认知，让我们一起陪同自家的宝宝，从小养成阅读的习惯吧！因为“读书是成本最低，收益最大的投资”。为什么这样说？

1. 教育部统一要求

小学期间，教育部要求必须完成300册必读书目的阅读任务。除此之外，还会鼓励孩子加大关联书目的阅读量。

如果孩子从小不去培养阅读习惯，这300册的必读书目可能无法读完，即使走马观花式地阅读完毕，也很难给孩子的学习成长带来真正的价值。

2. 学好语文的最佳捷径

语文这个科目对于每一个中国人而言，既熟悉又陌生，因为语文的知识内容都来源于我们的生活，所以我们会对这个科目比较熟悉。但又因为语文中的很多信息是你所不知道的内容，所以我们又会对这个科目感觉比较陌生。

对于上述的两种情况，我们都可以通过阅读来改变！因为：

阅读的过程可以认识、熟悉、加深对汉字的认识、记忆、理解、应用；

阅读的过程可以认知到更多新的生活信息与更多体会的生活信息；

阅读的过程可以增加对字、词、句应用的理解与记忆；

阅读的过程可以增加孩子多维能力的训练，如专注力、学习力……

对此，作为家长，只需要观察下周边的孩子，或者回忆一下当年你的同班同学，是不是但凡喜欢看书的孩子，语文成绩一般都不差。

因为有了语感，语法知识的学习自然手到擒来；

因为有了信息量，占语文篇幅最大的作文自然下笔成章；

因为阅读的过程就是理解的过程，所以阅读理解能力自然不是难事；

因为阅读就是不断地与字、词、句打交道，这方面的考题又怎会是难题呢！

3. 阅读是对孩子综合能力的训练

对于宝宝而言，我们需要让他从小学会选对书、读好书、会读书。

因为正确的阅读习惯和阅读方式，不但可以增加孩子在信息获取方面的能力，还可以多维度地训练孩子各方面的能力。

（1）人际智能——一个社交型人才的必备智能

从小训练孩子通过观察、体会、思考他人的情感意图来做出适宜反应的能力，以此让孩子更好地适应未来的学习、生活与工作。

（2）语言智能——一个健谈型人才的必备智能

从小训练孩子的日常表达、阅读理解、信息获取等方面的能力，以此让孩子更好地适应未来的学习、生活与工作。

（3）空间智能——一个设计型人才的必备智能

从小训练孩子如何通过观察实物、感知平面图像中的阴影、线条、色彩等方面的内容，以实现脑海呈现多维空间的能力，以此让孩子更好地适应未来的学习、生活与工作。

（4）音乐智能——一个艺术型人才的必备智能

从小训练孩子感知、辨别、理解音乐中的音色、节奏、音调等方面要表达的信息，以此让孩子更好地适应未来的学习、生活与工作。

（5）数学逻辑——一个思维缜密型人才的必备智能

从小训练孩子寻找事物静态或动态过程中的规律、逻辑、因果关系等方面的能力，以此让孩子更好地适应未来的学习、生活与工作。

（6）自然观察——一个自适应能力超强型人才的必备智能

从小训练孩子通过观察、识别、思考自然及社会特征，并加以分类利用的能力，以此让孩子更好地适应未来的学习、生活与工作。

（7）身体运动——一个知行合一型人才的必备智能

从小训练孩子运用手、脚、肘、腰、脖等身体活动关节来参与、融入、改造事物，以此表达自己独特的思考、情感、喜好等方面的信息，从而让孩子更好地适应未来的学习、生活与工作。

（8）自我认知——一个人格健全型人才的必备智能

从小训练孩子通过洞察、反省自身的情绪、欲望、个性、意志等方面的能力，以此让孩子更好地适应未来的学习、生活与工作。

4. 阅读习惯是值得一辈子拥有的好习惯

一个拥有良好阅读习惯的成年人，他可以借助这个习惯不断地完善自己的人生。比如：

工作、生活中遇到操作方面的困难，他会从过往阅读的书籍中，找到解决问题的思路或者方向。

工作、生活中遇到心理方面的问题，他会从过往阅读的书籍中，找到类似的心理问题，然后有效地化解。

如上所述，仅是一个阅读者面对具体问题时，所表现出来的良好状态。除此之外，你会发现这类人群总能超出于众人，有时候是沉稳的气质，有时候是语出惊人，有时候是逻辑清晰的问题处理方法，有时候是滔滔不绝的语言表达能力。

这样的人，又怎会被时代的车轮淘汰呢！相反，社会的进步，绝大多数都是被这类型的人在牵引。作为望子成龙、望女成凤的家长，曾几何时在感叹同龄人的优秀，而今天你又为何不给自己的孩子创造被别人感叹的机会呢！

让我们一起开启自家宝宝的阅读旅程吧，让我们在下一个时代的起点上都能看到宝宝们绽放的光芒！

——非凡心社区书屋

第十一节　找准客户群才能有机会

在完成了 0 ~6 岁宝宝的阅读产品整体设计之后，燕子老师与娜娜老师又用同样的逻辑和方法，完成了 6 ~ 12 岁孩子的阅读产品的整体设计。

在此，燕子老师着重介绍下客户定位。对于整个书屋而言，客户定位的人群相对比较广泛，涵盖 0 ~ 12 岁的孩子。之所以选择这个年龄段的孩子作为书屋的主体客户群体，主要原因来源于两个方面：第一个方面是这个群体的孩子，不需要进行有责任型的教育，这么说不代表燕子老师及其伙伴在教育方面不想对结果负责，而是因为这个年龄段的孩子不需要面临中考、高考的压力。第二个方面是这个群体的孩子几乎涵盖了能够长期活跃在本社区内孩子们的主要群体。

看到上述客户定位时，很多朋友可能会想，这个区间的客户群体覆盖是不是太过广泛、不够精准？对此，可能是仁者见仁、智者见智。笔者从两个逻辑去思考这个事情，第一个逻辑是打开敞亮的门，让能进门的群体先进门；第二个逻辑是有针对性的对待，让不同年龄段的群体享受相应的服务内容。之所以产生这个消费者定位的逻辑，主要原因在于这个行业的特殊属性。举个简单例子，图书的配置基本上算是一次性投入，而高年龄段孩子需要阅读的书籍其投入成本最低，而他们又有这方面的刚性需求，作为经营者而言，完全可以提供相应的服务内容，而这个服务内容又可以顺其自然地获得相应的回报。在实际经营过程中，书屋的后续产品会根据年龄段进行针对性的服务，比如有些产品只适合1.5～3.5岁的宝宝、有些产品只适合3～6岁的宝宝。有些产品只适合4～6岁的宝宝等。

如此一来，消费者的“泛定位”与“精准定位”相结合，可能更加适合绝大多数行业的实际经营状况。

虽然燕子老师不是专业的儿童教育从业者，但是燕子老师和娜娜老师的观点却高度一致，她们坚定地认为，儿童教育这个行业是一个良心活，因为孩子的黄金成长年龄段就这么几年，浪费一天的时间对于孩子而言都是最大的伤害。在燕子老师与娜娜老师完成了图书的产品框架配置之后，以娜娜老师为主、其他老师为辅的情况下，社区书屋开始引入成熟的教育体系。尽管这些教育体系相对成熟，但是娜娜老师依旧会不断地将课程内容进行反复测试，然后才开始一个又一个地将课程内容面向小朋友。

经过一番打磨之后，书屋的教育产品逐渐成型，这些产品内容会基于小朋友的成长状态而逐步展开，会基于书屋的实际经营状态而逐步展开，会基于客户属性特点有针对性地逐步展开。

教育产品最大的特点就是不断地更新，因为知识的生命力就在于不断更新，所以书屋的产品研发、引入、优化等丝毫不敢停歇，因为燕子老师与娜娜老师坚信，她们的停歇就是对小朋友教育的松懈，就可能会影响孩子的未来。在诸多的研发产品中，下面介绍一个以娜娜老师为主研发出来的特色产品作为例子，与大家分享。

古诗的学习也可以很快乐

今天

我们需要学习的古诗

都是古人用来抒发自己

当时心情的一种方式

有喜、有悲……

但是古人表达感情的方式比较含蓄

所以才将自己的心情蕴含在一幅完整的画面之中

这幅画面因为包含了很多情感

所以，画面中包含许多景物元素

现在的孩子之所以记不住、容易忘、难理解这些古诗词
最主要的原因是孩子的脑海中
没有古人写诗时的情景画面
我们需要用巧妙的语言，配合相应的景物元素
来辅助孩子们学习
景物元素的制作过程可能是
折纸，锻炼孩子手部动作的灵活性与精确性
剪纸，锻炼孩子手、眼、脑的整体协调能力
捏泥，锻炼孩子的综合塑形能力并认识不同的泥料
涂色，锻炼孩子的颜色识别能力和不同绘画工具的使用技巧
粘贴，让孩子熟悉不同类型粘贴材料的特点及使用方式
实物，让孩子真实感受实物的物品特点
……

上述这些辅助教学活动
其目的是为了让孩子
先认知诗中的实景元素
再通过动手做出实景元素
从而达到让孩子深刻记忆古诗中相关元素的目的

孩子们记住了古诗的核心实景元素
自然能够轻松地在短时间内记忆古诗

与此同时
再配合着古诗手势舞的学习
从而让孩子的手、眼、口、脑的协调能力得以综合训练

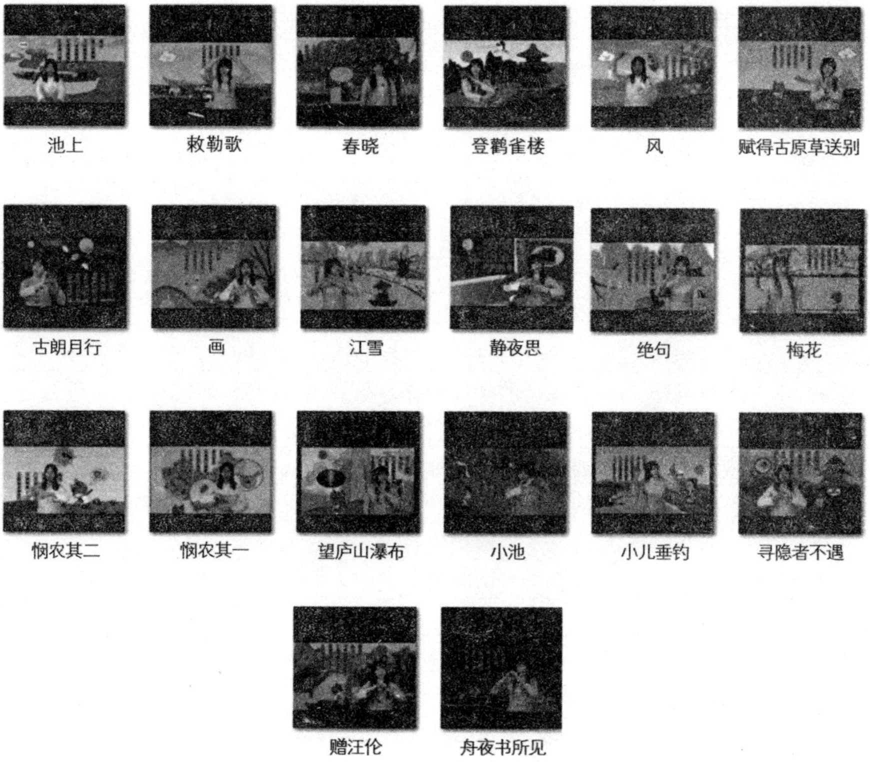

最终让孩子们爱上古诗

永久性地作别抓耳挠腮式的古诗学习

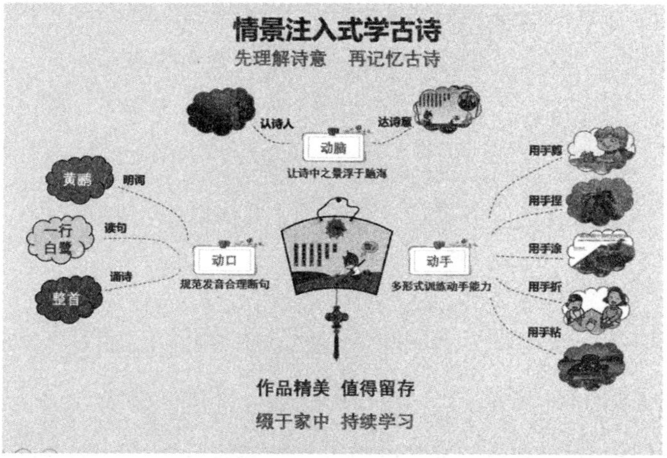

每一款教学产品的开发、引进，燕子老师及其伙伴们都会基于如下几方面的思考，思考角度如表 1－10 所示。

表 1－10　研发教学产品时的思考维度

序号	角度	解读
1	有系统	每一个课程栏目都应有相应的整体性课程系统，而非散、乱、杂、错的状态
2	有逻辑	让产品内容的每一节、每一章、每一套都有清晰的逻辑结构，做到上下有衔接
3	有递进	让课程内容的学习按照由浅入深的方式进行设计
4	有动脑	让孩子的学习能够参与到老师的授课环节中
5	有动手	让孩子能够亲自动手进行相应课程的学习
6	视、听、触	通过视觉、听觉、触觉来完成教学目的
7	立体化	能够给孩子创立一个有空间感的学习逻辑架构图
8	傻瓜化	让孩子能够简单轻松学好，让老师能够很容易上手
9	兴趣化	让孩子一眼就爱上学习，而且能够持续性地产生兴趣
10	成就化	让孩子每完成一个学业任务，就能够得到一个奖励

第十二节　最佳创业伙伴会相遇在路口处

在燕子老师与娜娜老师忙于第一家店的经营与产品设计时，田田老师主动找上了她们，她说想加盟社区书屋。燕子老师表示很惊讶，随即给她的回复是“我自己现在还没有弄清楚，如何将书屋做成一个盈利性的单店，现在还没有到对外招募合作伙伴的合适时机”。田田老师给燕子老师和娜娜老师的回复也比较简单，回复的内容是“我之前开过幼儿园，我觉得你们做的这个事情一定能成”。简单的对话，让正式开业不足 3 个月的社区书屋，迎来了第一个合作伙伴。

田田老师后来也成为书屋的核心创始成员之一。拥有开办幼儿园经验的田田老师，不断结合自己过往的经验，陆陆续续设计出了非常多适合书屋的课程和活动。之所以田田老师能够设计出适合书屋的课程和活

动，主要原因在于三位创始人妈妈的经营理念、教育理念一致。所以，迈出创业第一步的伙伴们，不要担心你前行的道路上会缺少合作伙伴，因为她们或许正在下一个路口处等着你。

细细分析这件事情。如果一个品牌在没有借助外力助推的情况下，第一批的合作伙伴，都是源于信任品牌创始人本人或者团队成员，而选择了加入这个项目。对于盟主（创始人）而言，压力最大的往往不是来源于外部的市场，支撑自己继续向前迈进的不竭动力，其实都来源于最早一批信任自己的伙伴，因为她不愿意将别人对自己的信任化为泡影。当然，拥有了第1、2、3、4、5……个合作伙伴之后你会发现，最早一批跟随着打天下的伙伴们，很有可能成为你前进道路上的一个又一个助力型的创业伙伴。

第十三节　擅长点在磨合中逐步清晰

麻雀虽小，五脏俱全。社区书屋虽然仅需要两个人（如何行之有效地配置单店的人员，可参加本书3.4的内容）就可以完成店面的经营工作，但是这两个人的分工同样非常重要。

燕子老师和娜娜老师、田田老师过往的经历差别很大，但是这个很大的差别却成为了她们之间最好的工作互补。燕子老师擅长的板块在于店面的经营、管理、营销等方面的工作；而娜娜老师擅长于领域在客情维护、专业授课、户外活动组织等方面的工作；而田田老师擅长于幼儿教育模式、幼儿教育心理以及幼儿教育课程等方面的内容。各人的擅长领域，正好是社区书屋合作人最佳的搭配。

因此，在后来的店面开设过程中，燕子老师都会建议新开的店面按照“店面运营者＋专业老师”的组合方式进行人员配置。当然，这是最佳的组合方式。但是，在实际的人员筹备过程中会出现：有些社区书屋合伙人擅长经营，但不擅长上课；有些社区书屋合伙人能上课，但不擅长经营。为了弥补她们的不足，燕子老师一般通过两种方式来解决这类问题：一方面会建议社区书屋合伙人找一个能够进行能力互补的创业伙伴，或者员工来解决这个问题。另一方面会通过培养、提升相关人员的能力，来完成店面经营的需要。

为了能够更好地完成书屋经营所需人才的培养，燕子老师及伙伴们首先做了三个方面的准备：第一个方面的准备，就是将店面经营过程中所需要用到的内容，全部做成可复制性的标准化资料；第二个方面，即准备好能够将这些标准化的资料进行培训传导的老师；第三个方面是设计好培训的方式和内容，比如时间、地点、人员、课程内容、课件形式等。

经过很长一段时间的准备后，加盟店的经营者主要由燕子老师及其他经营型老师来培训，以便让此方面不足的经营者迅速地掌握店面日常经营过程中所需要掌握的经营技能。在专业的课程传导方面，如果过往具备幼师及以上从业经验者，可以很容易具备书屋专业课程的授课能力，因为这些专业课程都已经做好了可复制性的标准化准备，教学老师可以通过使用标准化后的教具、教案以及相关的课程视频，完成课程的教学工作。如果这些还不能够让新手型老师完成专业的授课环节，娜娜老师与田田老师还会安排这些老师进行实际场景训练，以及一对一的教学指导，以此来保证每个加盟社区书屋的专业课程能够高质量地造福于社区内的孩子们。

除了开店之初的培训指导外，燕子老师及书屋的其他老师，还会采用多种形式，定时与不定时的培训方式，为每一个社区书屋的合伙人保驾护航。

第十四节　IP 形象塑造也很重要

作为年轻一代的妈妈们，燕子老师及其伙伴当然会将这个时代中涌现的各种有用的利器，融入社区书屋这个项目之中。在此，燕子老师着重分享下社区书屋的 IP 含义。之所以选择图 1 –1 所示的图案作为社区书屋的 IP 形象，主要原因在于国人的教育理念，即“望子成龙、望女成凤”，所以基础的设计原型就设定为小龙人的形象。

图 1 –1　燕子老师创立的社区书屋的 IP 形象

为了让小龙人（社区书屋）的成长和宝宝的未来，能够在文化层面有一个更好的契合，燕子老师又设计了图 1 –2 所示的海报，以便更好地让家长们对书屋有一个形象化的理解。

图 1－2　燕子老师创立的社区书屋的宣传海报

为了让可爱的“小龙人”形象，深入地走进每一个孩子的心目之中，燕子老师将“小龙人”形象应用到了各个环节之中。部分应用内容如表 1－11 所示。

表 1－11　社区书屋“小龙人”形象的运用场景

序号	应用图案	设计说明
1	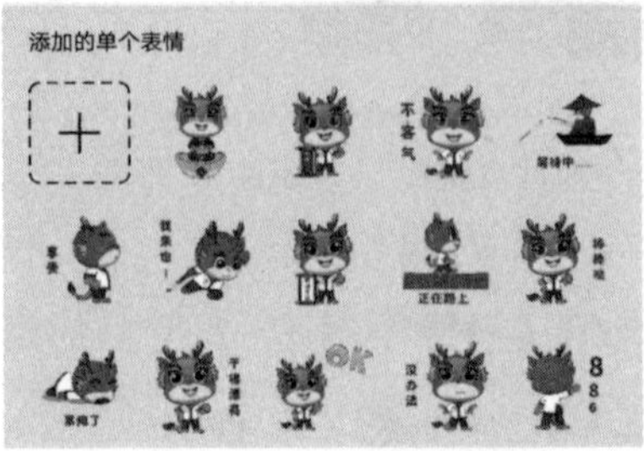	因为这些表情包具备高频使用、高识别度、高情感化、自传播性等属性特点，能够在潜移默化之中将书屋的形象深入到每一个客户心目中

（续表）

序号	应用图案	设计说明
2	 关门  开门  休息	统一门店的识别度，让消费者在获取书屋经营状态的同时，进一步将书屋的形象加深于心中
3	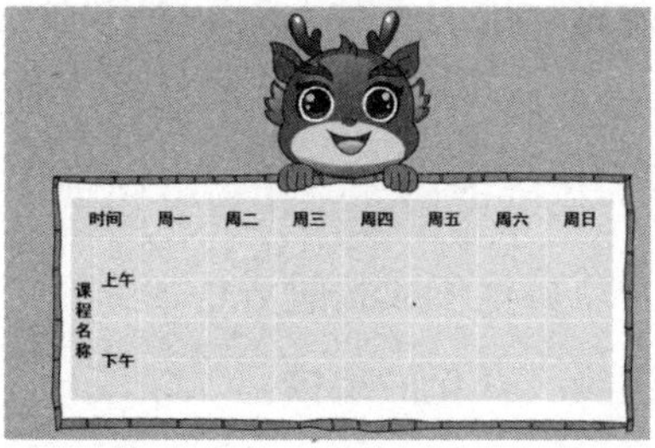	在客户最关心的角度植入卡通形象，以此来进一步将书屋的形象加深于心中
4	 国韵成语  情景注入式学古  十二生肖	各类型宣传海报中也可以巧妙地植入书屋形象，以此来活跃整个海报氛围，同时进一步将书屋的形象加深于心中
5	 非凡心社区书屋	单店的形象墙当然不能错过，这是一个融合书屋品牌与书屋吉祥物最好的契机，尤其适合于初创型的连锁品牌

关于IP形象的设计思路、应用领域等方面的内容，可以参见本书附件2。

第十五节　增添宝宝们需要的福利

世上无难事，只怕有心人。一个有心之人，他会让自己的血液流淌着自己的事业。

对于一群有心的宝妈们而言，她们无时无刻不在用心地琢磨着书屋经营所需的点点滴滴。在这些点滴之中，有一个非常重要的环节，即"会员权益"。对于会员权益，几位创始人希望设计出的会员权益能够让每一个走进书屋的宝宝们，获得他们成长过程中所需要的福利，而不是让书屋提供给宝宝的福利沦为大众化的举措。

为了能够实现权益的设计目标，她们首先做了信息的收集工作，即是将市面上培训机构、绘本借阅机构等关联机构的会员权益，全部做了一个详细的了解，然后将了解到的信息做了一个分类整理和总结。基于自身也是宝宝的妈妈，她们更懂得孩子当下成长需要什么。于是她们根据市场上反馈来的信息，结合她们对孩子成长需要的了解，再加上书屋创办的初心，最后形成了具有她们自身特色的会员权益。

看到她们这个会员权益（关于单店会员权益体系的设计，可以参照本书 3.7 的内容）之后，笔者结合她们的创立思想，总结出如下几点信息，如表 1－12 所示。

表 1－12　燕子老师创立社区书屋时的会员权益设计

序号	会员权益设计思考
1	每一个会员权益的设计既要言简意赅，还要通俗易懂地进行权益信息的展示。切忌用文绉绉的语言，将本身可以简单说明的事情，描述成模棱两可的内容
2	设计出的每一个会员权益都要贴合实际，不要脱离自身的兑现能力范围
3	结合市场中已经被广大群体所接受的思想，不要创造能够扭转消费者观念的新思想

（续表）

序号	会员权益设计思考
4	会员权益可以动态增加，不完全固定于已经给出的承诺，此举有可能给会员创造额外的惊喜
5	基础的自我法律保护意识要有，因为中国文字博大精深，最终的解释权一定要归本店所有
6	给予孩子们成长的过程中真正需要的东西，而非办理会员后的“大送特送”
7	给孩子们、家长们一个自主选择的权利，给他们一个可以自主设计自身权益的机会
8	让有能力的家长走到权益中去，让他们的无私付出能够给更多的宝宝们带来额外收获
9	会员权益中设置一些兑现规则，让每一个会员明白自己的有些权益可以在成为会员时即可以直接获取，而有些会员权益则需要经过自己的坚持与努力才可以获得，以此来让会员懂得只有努力才会有收获
10	在设计会员权益时，可以增加会员义务的模块。在设计会员义务的模块时，可以站在会员权益的角度去撰写会员的义务，如此可以起到一举两得的效果

第十六节　我们不懂但可以学习

书屋在三位宝妈的共同努力下，让越来越多的宝妈群体开始走进社区书屋这个大家庭，有的成为书屋的合作伙伴，有的成为书屋的老师，有的成为书屋的图书管理员……不管是哪一种身份的出现，社区书屋都以开放的心态，迎接每一位宝妈的到来。

作为曾经的职场精英，宝妈们曾经拥有的技能，不一定能够在书屋中立刻得以施展，但是高效的学习能力（关于高效学习的心得体会，可以参见本书 3.8 的内容）、超强的社交能力，都可以快速地助力宝妈们拥有一技之长。创立社区书屋的三位宝妈，也是从什么都不懂，一步一步地成长至今。请记住，对于陌生的领域，你可以不懂，但是不能拒绝学习，因为学习，我们都将会变得更加强大。

第二章 开店须知：让创业不再茫然

在本章中，笔者站在第三方的角度，通过四个不同的方面，让盟主方认知一个不一样的商业环境，掌握一套行业调研的新方式，正确地对待给予加盟商的各类型支持；让新手创业者了解一个不一样的商业环境，明晰不同的创业方式，客观地认知加盟创业，以及通过盟主的模式输出步骤，高效借力于来自盟主的支持，以便让自身能够获得一个不错的创业后援环境（如表 2－1 所示）。

表 2－1 本章的学习要点一览

本章学习要点提示（盟主方）	
序号	学习要点
1	掌握新时代商业环境信息
2	掌握市场调研的主流方式
3	掌握加盟支持的主流方向
4	掌握加盟支持的兑现形式
5	了解加盟模式输出的步骤
本章学习要点提示（加盟方）	
序号	学习要点
1	掌握新时代商业环境信息
2	掌握市场调研的主流方式
3	了解盟主可能给予的支持内容
4	了解盟主方支持的兑现形式
5	了解加盟模式输出的步骤
6	学会客观对待来自盟主方的支持

第一节　了解时代：影响经济体的 18 条现象

疫情的突然来袭，让许多实体商家选择了歇业、停业，甚至关店。但是，中国的商业经济并没有因为人群的物理隔离，而彻底按下运转的暂停键，因为中国的商业环境在以另一种形态继续运转。只要人类还活着，生活还需要继续。

对于疫情影响下的商业模式变革，让构成整个商业链条的消费者、渠道商、品牌商、生产商、原料商、资本方等链条的参与者，均发生了来自思维、认知、行为等方面的改变。这些改变将会驱动新的商业形态，同时也会彻底掩埋过往的商业逻辑。

对于新时代的商业逻辑，我们需要综合多方面的因素去思考，然后再“内外结合”后，设计出符合自身、符合当代的商业新模式。

因素 1——母系经济体已然崛起

随着时代的发展，男性的社交圈层开始出现断层，社交圈子开始出现格式化运转，所有的社交开始出现“为了交易而结交”的状态。而女性经济体中，最具代表性的则为宝妈一族，她们因为怀孕、哺乳、养育孩子的过程，让她们拥有了大量相对自由的时间，在这些时间中，她们又因为需要给孩子提供吃、穿、住、行、玩类的养育工作，从而让她们不得不跨越性地切入一个又一个陌生的圈层，进入不同的圈层，聊着相近的话题，与陌生的圈层成员逐渐熟悉，让彼此之间的信任值开始随着与孩子相关联话题的信息交互而逐渐增加。这种无目的性、带情感性的社交，反而助力宝妈群体，重新找到了生活中的存在感。她们彼此推荐亲自使用过之后感觉不错的各类型产品。产品随着信任值的流动而完成了基础的交易动作。有交易就会逐渐产生规则，有了相应的市场运营规则，产品、受众、商家才能够秩序化地有效运转，于是诞生出了“微商”模式的雏形。

传统的微商模式已然翻篇，但是这波浪潮掀起的浪潮仍旧冲击着当今市场环境，你会发现，产品购买的主要消费力、决策人、代理人等市场角色均已出现由女性主导的现象。

如果你是一个店主或者品牌商，你就必须要思考，你的项目如何和这类型的群体无缝接轨，否则，你很有可能首先被她们淘汰。

因素 2——垂直细分化的个人经济体出现

经济体是对某个区域的经济组成进行统称和划分。但是今天，面对新时代的商业环境，我们需要对这个经济体做一个新的定义，即能够独立完成基础商业运营的个人，我们都可以把他称作是个人经济体。

个人经济体，不需要做复杂的产品管理，因为它只负责运转自己选择的某一个或者一类产品，即垂直细分后的产品。如此一来，可以避免许多复杂的产品管理问题，以及相关联的系列问题。除此之外，还可以让其受众渠道、消费者对于其经营的产品认知更明确。

如果你是一个店主或者品牌商，你就必须要思考，你如何培养、挖掘、合作这种类型的个人经济体，因为它能够让你把渠道的触角延伸到更贴近消费者的位置，也能够让你的渠道触角更具渗透性。

因素 3——品牌更具人格化特点

直播带货、短视频导购、微商发圈等营销动作，让很多产品使用者模糊了“名牌”意识，而他们之所以选择购买的主要原因，则是基于对售卖者的信任，从而完成最后的交易动作。

随着售卖者个人粉丝的不断积累，这个售卖者逐渐会形成极具人格化特点的个人品牌形象。所谓人格化特点，即产品的介绍形式、传播渠道、展现形式等方面的内容极具售卖者本人的特点。随着这个产品与售卖者之间的属性特点融为一体，这个售卖者就会从推荐一个产品，逐步演化成不断推荐“粉丝所需”的多品类产品，如此一来，不但能够增加粉丝的延伸性销售，还能够增加因为品类而被吸引来的更多的粉丝。

如果你是一个店主或者品牌商，你就必须要思考，你的品牌或者单店是否能够打造成极具人格化特点的 IP 形象，是否可以从主品牌中孵化出此种类型的子品牌。

因素 4——找不准的公域流量池

门店也好，品牌商也好，所谓的负经营状态就是老客户不断流失、新客户导流不进。究其最主要的原因，是经营者没有找到属于你的公域流量池。再深挖原因，是因为你并不清楚你的客户是谁，他们具备什么类型的属性特点，他们喜欢用什么样的形式扎堆，他们喜欢在什么时间段活跃。如此一来，老客户流失纯属正常；新客户引不进，也就可以理解为你不知道去哪里引流。

如果你是一个店主或者品牌商，你就必须要思考，谁才是你产品的直接买家？这类买家的生活轨迹与特点是什么？然后再去挖掘出他们的主要活跃时间段、扎堆聚拢的载体。如此一来，你才能够精准地找到属于你的公域流量池。

因素 5——将私域流量经营成留量

“流量”一词在互联网领域被提及得相对较多，“私域流量”一词随着社群营销概念被提及而被广泛应用。

回顾这两个应用领域，似乎与实体门店没有什么关系，但是今天我们需要把这些词汇应用于实体门店，因为实体门店拥有与生俱来的经营流量的优势，因为它们能够通过线下的信息交互，迅速建立经营者与消费者之间的信任值，而互联网则很难在短时间内迅速建立高黏性的信任值。

对于当代的实体门店而言，不但要将流经门店的客户经营成为长期留在门店内的客户，还要让这些客户成为依托于门店的留量客户，以此来逐渐形成属于实体门店自己的私域留量。

如果你是一个店主或者品牌商，你就必须要思考，如何让你的个人经营特点与产品或者品牌融合成新的转化力，并让这个转化力尽可能多地将流量转化成留量。

因素 6——培养经营消费者的意识

实体店面的经营者，一定要拥有经营消费者的意识，这种意识不只是给消费者办理一张储值会员卡，也不是与客户之间建立了一个初步的联系方式，而是应该以结交每一个来店的消费者并最终成为朋友作为经营心态，然后再借用店面的产品、服务、环境等优势，让消费者深刻地记住你，能够持续地看到你。而且你们之间的沟通也不仅仅是在门店的交易环境中，而且也在生活中，比如在朋友圈中、在抖音中、在快手中、在小红书中等。

如果你是一个店主或者品牌商，你就必须要思考，如何立足本店，找到真正的“经营自我”，创立一套让消费者能够深刻记住当下、惊喜于每时每刻的特殊经营模式。

因素 7——挖掘超级传播者

实体门店的私域留量，都是经过培养经营消费者而获得的，对于实际经营者而言，你可能会在经营消费者的过程中慢慢发现具备这样一些属性特点的群体：

- 无条件地主动帮你传播
- 经常给你的店面经营项目好评
- 愿意带领自己身边的朋友来你店里体验
- 对你无意间的失误能够表示出谅解
- 愿意跟你交流商品以外的信息
- 时不时地给你的朋友圈点赞
- 其他

具备上述特点的群体，你可以把他们定义成超级传播者。这些超级传播者不只是你的回头客这么简单，他们可以为你创造远超一般老客户的价值，比如：

- 能够帮你进行精准的营销裂变
- 能够成为你单店经营项目的代理人
- 能够为你的店面经营出谋献策
- 能够从消费者的角度帮你影响更多的群体
- 其他

如果你是一个店主或者品牌商，你就必须要思考，你的门店是否也有这样的超级传播者出现？你的门店的超级传播者每月能够给你贡献多少流水？你的门店需要多少个超级传播者的月度消费，才可以达到单店的盈亏平衡点？你的超级传播者是否仅仅处于自发阶段，而未经系统性的引导？你的超级传播者的向外推荐路径是否清晰？你愿意拿出单店盈利项目的多少用来激励这些超级传播者？如果你思考清楚了这些问题，给出这些问题一个明确的答案，你的单店定能够出现一个翻天覆地的盈利变化。

因素 8——传播渠道能够突围物理半径

新的时代总会在创造问题的时候又同时给予相应的问题解决方式，作为经营者，如果是一个市场比较灵敏的人士，一定能够在时代的发展浪潮中嗅到新的发展态势。

比如在疫情暴发之前，大量的新媒体涌入生活，改变了很多人的生活方式。做市场一直都有一个铁的原则，即哪里有人气，哪里就会有市场机遇。而这些市场机遇，几乎都可以助力于商业经济体的发展，只不过是不同的行业需从不同的角度去加以具体应用而已。

因素 9——未来的商业终端将会无限接近于家庭

随着教育行业将店面开到每个家庭单元的手机用户里面，随着天猫精灵类的产品入住家庭，这个时代已然将激烈的商业竞争转变为以家庭为单元的竞争。

因素 10——教育支出依旧占家庭大比例支出

孩子的教育依旧大比重地占领着家庭钱包，其他业态依旧争夺着剩下的支出占比。教育行业其实可以成为很多行业商业触角的中转踏板，比如笔者在本书中所写的在社区内开设的非凡心社区书屋，就可以在借助独特的社群运营模式下，利用 2～3 个月的时间，迅速将本社区宝妈群里的人们聚拢于社区书屋之内，如此，既可以满足书屋经营需要，也可以对外进行流量输出。

因素 11——性价比最高的终端流量的源头来自社区

一个注册用户的成本，已变成 20 元左右，通过率只有 10%，甚至更低。这意味着线上的获客成本，已涨到了 200～300 元/人。线下门店的获客成本也不容易乐观，再加上疫情的影响，一些游离于生命线临界点的实体商铺最终倒在了门可罗雀的商业环境中。

因素 12——社区经济最容易实现流量与留量的相互转化

流量与留量之间的转化，主要依托于信任值的累积，而影响这种累积的因素主要来源于经营者与客户间的交互频次。同处一个居住环境，彼此之间拥有先天的信任感基础，再加上高频次的交互，只要经营者用心经营，从流量至留量的转化率定然不会低于 70%。

因素 13——圈子经济在社区中更易被触达至爆破燃点

之所以不同类型的人群能够自由组合配对成不同主题的圈子，其主要原因在于他们的背后都拥有相近的生活标签。同属性人群在物理生活半径中，频繁地发生市场信息的交互，这对于激发出区域性市场经济的活跃度来说只是时间问题。

因素 14——社区微商业体将成为就业和创业的新选择

经历了疫情的社区商业洗礼，许多业态采用化大为小、化繁为简的方式，将自己的产品送达小区门口，送达顾客的家门口。比如：中式正餐，他们将菜品做成成品、半成品的方式送达家庭；生鲜超市，他们将家庭常用菜品组合成套餐的方式送达家庭；理发店，他们直接提供上门理发服务；非凡心社区书屋，他们直接提供了无接触式借书服务。

这些被环境激发出来的新型业务形态，已然开始转化成社区经营的微商业体，这种业态的形成将会从微型创业的角度解决大量人员的再就业问题。

因素 15——女性群体依旧是新时代的主流消费人群

无论是来自互联网的消费数据报告，还是来自实体店的消费数据报告，女性的消费力远超男性消费力，且较之 15 年前而言，已然上升了 5 倍有余。所以，研究女性消费的特点依然是把握市场趋势的关键。对于女性消费群体而言，我们可以重点研究这三个阶段的女性群体，如未婚成年女性、已婚未育女性、已婚带娃女性。

因素 16——宝妈群不仅是消费主力更是渠道主力

宝妈们的社交圈层虽然相对简单，但是社交力很强，传播的后劲足。因此，一个好的产品如果想借力宝妈群体做传播，首先需要给宝妈群体创造一个极低的体验门槛，让她们充分感受到产品、服务的独特好处，其主动、被动的传播都能够给你的产品、服务带来意想不到的效果。比如非凡心社区书屋在借助宝妈群体的朋友圈进行传播时，每一条朋友圈内容都能够给书屋带来 5 ~8 个有效客户，以此类推，就可以让社区书屋迅速地与本社区的宝妈群体建立连接，再加上频繁地借书、还书、看书、参与活动等形式，让书屋的经营者能够与本社区的宝妈群体建立深层次的信任基础，如此一来，就可以为下一步的市场动销做出良好的储备。

因素 17——圈子的影响力依然是最大消费风向标

微商崛起的核心原因之一，就是个人信任力助推了产品的体验、复购、代销。如此一来就会形成一个新的圈层，这个圈层因为信任力将彼此进行连接，进而一个新的产品如果能够直接借势于此，那么这个产品就可以直接从市场中脱颖而出，因为圈子的影响力成为了消费者最大消费风向标。

因素 18——社交属性的软件依旧是主流传播渠道

社交软件层出不穷，每一类的社交软件都有相对精准的人群在其中活跃，如果你对每一个社交软件的主流用户属性都相对了解，你就可以借势于此类软件而有针对性地进行客户的挖掘和渠道的开拓。

第二节　了解创业：创业和你想象中的不太一样

创业的类型与本质

对于“创业”这个名词，绝大多数人都不陌生，因为每个成年人都曾幻想过自己成为“老板”。但是这个老板真的是容易当的吗!? 其实不然，创业是件很痛苦的事儿，并且会让创业者不得安宁。越是伟大的创业想法越是会带来挥之不去的痛苦，让创业搭档（团队）彻夜难眠。只有在创业思路逐渐明朗且成型后，痛苦可能才会稍微减轻一点。但是创业者所要承受的困扰、付出的汗水甚至流下的泪水却不会就此结束。

对于创业而言，笔者将其分为两种类型，如表 2 –2 所示。

表 2 –2　创业的两种类型

序号	类型	简述
1	自主创业	自主创业是创业者及创业搭档独立面对他们拥有的资源，或独立通过努力对能够拥有的资源进行优化整合，从而创造出更大经济或社会价值的过程
2	加盟创业	加盟创业是创业者凭借来自盟主方过往经营的经验、产品、技术等经营要素，加入其中，借势经营，依靠努力，从而创造出更大经济或社会价值的过程

通过表 2 –2 中的定义诠释，我们不难看出，加盟创业更适合创业“小白们”，因为加盟创业至少有先人引路，而自主创业者则需要全程

摸索式的前进。

正确对待加盟创业

1. 加盟之后不要后悔

很多加盟商在加盟之后，因为之前对于总部的期望值太高，从而产生心理的落差，进而让自己满怀期待的心灵受到伤害，于是开始后悔自己加盟这个项目。

笔者认为，选择了就不要后悔，因为这种落差现象属于再正常不过的。首先而言，一个没有任何问题的企业是不存在的；再者而言，你期望的东西可能不一定适合市场的商业运行规律。我们需要做的就是在大方向、大纲领没有问题的情况之下，努力做好眼前的每一件事情，坚信自己每一件事情都能足额完成、都能够让自己大踏步地前进。

2. 加盟不等于百分百成功

绝大多数的加盟商都会有这样一个认知——我选择了加盟就等于创业成功。其实，现实却恰恰相反，你选择加盟其实只是你创业的开始，至于你能否成功，还在于你在加盟之后是否努力经营。

加盟的过程实际上就是“师傅领进门，修行看个人”的过程，投资有风险，谁都无法保证每一个新开的店面都能够经营成功。

但是对于绝大多数的创业者而言，成功率最高的一种创业模式就是选择加盟，因为加盟之后，加盟商可以得到来自总部的各项支持，以及在店面经营过程中的经验传递，从而让加盟商在实际经营过程中尽可能地少走弯路，将创业的成功率提到最佳状态。

3. 加盟后要坚定经营信心

每一个店面的成长都会经历高峰与低谷，在低谷时作为加盟商一定要坚定经营的信心，坚信在总部的指导下、在自己的努力下，一定能够突破自己现在的经营困惑。

根据笔者的实际运营经验，每突围一个经营的低谷期，都将会迎来更大的发展机遇。

4. 抱怨是解决不了实际问题的

少部分的加盟商在加盟之后，一旦遇到经营上面的问题就会大肆地抱怨总部的扶持人员。在这里，笔者建议这些类型的加盟商，最好用抱怨的时间去理一理出现这些问题的原因在哪里，或者将出现问题的场景尽可能全面准确地描述给总部的相关扶持人员，由总部来帮助出谋划策。

在这里补充一点，所有的盟主都不是万能的，因此不是每一个问题都能够解决得非常到位，因为你出现的某个问题很有可能是总部也从来都没有遇到过的问题。

因此，在寻求总部帮助的同时，自己也需要努力地去寻求问题的解决方案，因为你处于问题的一线，你更了解问题的真实情况。

5. 切忌过度依赖来自总部的支持

少部分的加盟商在加盟之后，非常依赖总部的支持，无论遇到什么问题，都会第一时间给总部的相关扶持人员打电话寻求帮助，甚至一天能给总部拨打 10 次以上的电话。

当总部人员不能够第一时间去指导解决某个问题时，加盟商就选择了等待，而不敢第一时间去尝试独立解决问题。当问题因为拖延而恶化之后，加盟商对于总部的怨言又随之而生。

在此，笔者的建议是，加盟商在遇到重大问题决策时，可以向总部寻求帮助；在遇到一些日常经营琐事时，完全可以自主灵动地去处理，而非完全依赖总部，尤其是不能坐等。

6. 不要打折扣地去执行总部的经验指导

少部分的加盟商在加盟之后总是认为自己什么都懂了、什么都会了，不需要再去生搬硬套地执行总部的指导规范了，有的甚至开始怀疑总部的经验是否正确等，于是开始了打折扣地执行来自总部的各种手册指导，自由式地发挥自己的创意，随之而来的后果就是店面的经营开始严重地偏离经营轨道。

此种类型的加盟商并不会将这些责任归咎于自身，而是会将所有的责任推给总部。在此，笔者建议有此种“潜质”的加盟商，一定要潜心地去领会来自总部的经验指导，因为这些经验是总部人员总结出的实战经验，是通过无数次的失败而吸取的教训，既然你选择了加盟，其目的是想尽可能多地去规避经营中的风险，因此你在加盟之后又选择了摒弃，那么你损失的将是一种没有必要的损失。

7. 盟主不是一个完美的存在

无论加盟商在盟主发展的什么阶段加盟，在实际的合作期间，加盟商都会发现总部总是会出现这样那样的问题，因为企业无论怎么完善自己的商业模式，都会因为市场的不断变化而随之发生变化，而这些变化都会随之产生各种问题。

当你加盟的盟主属于一直是直营连锁阶段，现在刚开始开放加盟，那么这个企业可能还没有完全掌握如何更好地服务加盟商，因为总部对于直营店的管理模式和对于加盟店的管理服务模式，会有很大的差别。因此，总部的服务模式也需要通过不断地汲取失败的教训而逐渐完善。

当你加盟的盟主还处于发展的初期阶段，那么你既然选择了这个时候的盟主，就要做好去理解这个阶段的盟主会出现的诸多问题。

综上所述，无论你的盟主处于什么阶段，共同发展过程中出现问题纯属正常，关键是作为盟主、作为加盟商应该如何共同去面对这些问题。

8. 更多来自盟主的指导性建议

盟主会给加盟商提供一系列标准化的手册，这些手册之中记录了单店在经营过程中出现的绝大多数信息，这些信息的价值可以让加盟商少走很多经营的冤枉路。

但是作为加盟商而言，切忌在营销、管理等软件方面，去生搬硬套来自总部的相关手册，这些方面的手册对于加盟店而言，能够起到的是方向性的指引、纲领性的指导、决策性的辅助，而非全部性的能够直接就用的拿来主义，因为你店面的商圈可能具备独特的属性，你需要的是在总部提供的指导手册的基础上，因地制宜地去做灵活性的转化，然后再加以实际应用。

在此，笔者着重强调一点，加盟商的灵活运营一定要在总部的指导思想之下，绝不能进行天马行空的创造，因为你的天马行空，在总部服务的其他加盟商那儿可能已经得到了血的教训！

你真的做好创业的准备了吗

无论是加盟式创业，还是自主型创业，都需要创业者本身做好相关准备，具体要准备的要素详见表2－3所示内容。

表2－3　创业者要准备好的要素

序号	类型	解读
1	资金准备	对于创业者而言，创业的每一步都需要用到资金，如果没有做好资金的储备，最好不要迈出创业的那一步。如果你选择的是独立创业，那么等待你的是N多个未知的用钱之处。如果你选择的是加盟式创业，你需要做好初期的投资准备。一般来说，加盟的总部会告诉你需要准备多少资金，虽然这个资金是一个大概的数字，但是和实际所需的资金不会有太大的偏差。除了初期的投资准备之外，你还需要做好流动资金的准备，以便用于“养店”所需
2	资源准备	先进行资源的梳理，然后再进行创业项目的选择，因为优质的各类型资源一定会成为你创业道路上最大的助力。无论是选择加盟式创业，还是选择自主型创业，资源的梳理与准备工作都是必不可少的
3	知识准备	对于创业“小白”而言，你的经营经验主要来源于盟主方。对于自主型创业者而言，如果没有相关行业的从业经验，最好不要盲目涉足，因为失败的概率几乎等于100%

（续表）

序号	类型	解读
4	心态准备	无论是哪一种创业类型，如果你没有做好多次失败后依旧能够坚定地站立起来的心态准备，请不要轻易踏入创业的队列
5	位置准备	这个位置准备指的不是具体的经营场地，而是你计划启动自己创业大本营的区域，比如你是选择在你的家乡，或是选择在背井离乡的陌生城市，还是选择在你人际关系都比较熟悉的城市。因为这些位置的选择将决定了你的资源调用情况、资金使用情况以及你的成功可能性

对于创业者而言，他需要准备的内容还有很多，但是表 2－3 中所示的 5 个方面内容则为重点需要准备的因素。

第三节　了解行业：如何快速了解一个行业

行业调研的准备工作

第一步，在电脑的非 C 盘内创建一个文件夹，这个文件夹的名称是“XX 行业市场调研分析报告”。

第二步，将创建好的文件夹发送快捷方式到电脑的桌面。

第三步，打开“XX 行业市场调研分析报告”文件夹，在此文件夹之中依次创建如下 4 个文件夹（如图 2－1 所示）。

图 2－1　某行业市场调研分析报告文件夹的内容构成

第四步，在“1 正在编写文件”内创建 Word，开始编写“XX 行业市场调研分析报告”。

确定行业调研目录

对于很多之前没有从事过专业调研工作的企业来说，即使自己知道企业需要进行市场调研，可是却不知道究竟要调研哪些方面的内容。还有的企业，认识到市场调研分析报告的重要性之后，为了弥补自己无法开展市场调研分析的工作，只好选择一个比较便捷的方式来获得相关的资料，那就是直接向专业的市场调研公司去购买市场调研分析报告。依据笔者的经验，一份完整的市场调研分析报告，最便宜也要花上 5000 元。知识的价值在于不断更新，市场在变化，消费者的消费习惯也在变化，企业的发展也在变化，市场调研的内容也需要不断地进行更新和完善，只有这样的市场调研分析报告，才能够更加贴合企业发展之需。在此，笔者向大家介绍一种企业自身能够掌握的市场调研方式，这种方式可以适用于任何一种行业。

做任何事情都要有一个清晰的方向，只有大的方向确定了，才能够更好地完成自己手头上的工作内容。否则就会出现越走越偏，最后出现严重偏离主线，如此一来就会得不偿失。做市场调研也是这样，我们需要有一个清晰的主线，而这个清晰的主线就是“XX 行业市场调研分析报告”的目录，如果你知道如何制定目录当然最好，如果不知道如何制定目录可以录入“XX 行业市场调研分析报告”，然后直接在搜索引擎上面进行搜索，网络之中有很多市场调研机构，都会将清晰的目录展现在大家的面前，我们需要做的就是将这些目录作为大纲直接复制粘贴到自己的文本之中，然后在此目录的基础之上结合自己企业的实际情况进行针对性的目录修订即可。

行业最新动态整理

在不熟悉一个行业发展的特点时，最简单的解决问题方式就是直接借助搜索引擎的检索功能，检索“XX 行业发展现状与机遇”。一般情况下，绝大多数的行业都能搜索到相关的文章，这些文章内容普遍都有一个时间滞后的问题，但是这对于初次涉足这个行业的群体来说，这些信息资料非常具备参考价值。

如果需要进一步获得更新的行业动态信息，则需要通过搜索引擎中的“资讯”类栏目进行搜索。搜索时，最重要的是要学会使用精准关键词进行检索，因为精准关键词下的资讯信息量会相对比较全面。接下来需要做的就是将这些资讯信息全部看完。

在查看这些资讯信息时，需要注意如下几点（如表 2－4 所示）。

表 2－4　查看行业资讯时的注意事项

序号	注意要点
1	不是所有的资讯信息中的数据都是正确的，有一部分数据为了迎合部分企业的发展特点，而被做了修改，所以需要多看同一时间段不同平台提供的数据，综合考评后再作最终定夺
2	资讯信息中的有些内容是企业的软文广告，因为新闻推广是企业进行品牌塑造的重要途径之一，所以它们会通过购买新闻源的方式来在此处投放自己的企业广告
3	针对有价值的资讯信息，一定要通过浏览器的收藏功能及时收藏。随意简单的收藏可能会给你日后查阅这些资料时创造麻烦，笔者建议给你的收藏创建多个分类型的文件夹，以此来分类管理你需要收藏的资讯类信息
4	对于资讯之中有价值的信息，一定要随手做好记录，因为这些资讯给你提供的可能不只是信息，而是转瞬即逝的灵感

详细调研竞品企业

企业调研主要通过网络、电话、实地考察三种方式，从企业内部管理情况、产品及推广、VI（视觉识别系统）和 SI（企业终端形象识别系统)、店面管理、经营模式等几个方面，对一个或多个企业进行详细调研和分析，每个细节均不容忽视。通过调研，我们会得到企业比较完整的信息，进而获得该公司和整个行业的发展现状并进行初步诊断，借此来帮助我们为企业做出准确的战略指导。

表2-5为餐饮行业的调研模板，适用于其他行业的企业详细调研时参考使用。

表2-5 餐饮行业的竞品企业调查表

序号	名称	调研方法	调研的内容
1	公司官网	网络搜索：通过输入公司名的全称或者缩写，来查询是否有官网。官网中有很多可利用信息	● 是否有公司官网 ● 公司官网的网址 ● 网站界面外观设计和功能设计 ● 是否有加盟电话 ● 是否有咨询对话框或留言栏
2	联系方式	1. 网络搜索：官网或招聘网站的联系方式 2. 实体店面询问：可进入实体店询问工作人员 3. 店面招牌显示：一般店面招牌上会标有盟主公司的联系方式	● 加盟咨询是否采用400电话 ● 固定电话 ● 手机号码 ● QQ或者微信公众号 ● 公司地址和样板店地址 ● 加盟店地址 ● 公司总部地址 ● 店面地址
3	公司注册	1. 网络查询：国家工商行政管理部门（现国家市场监管部门）网站等 2. 电话咨询：通过拨打工商行政管理部门（市场监管部门）的客服电话了解详情 3. 现场拜访：以加盟商身份去盟主公司亲自咨询	● 是否注册公司 ● 公司名称 ● 公司注册资本 ● 公司注册时间 ● 公司法人代表 ● 公司营业范围 ● 公司注册地点 ● 公司营业执照、组织机构代码证、税务登记证等证件是否齐全

（续表）

序号	名称	调研方法	调研的内容
4	商标注册	1. 网络搜索：国家或地区商标部门网站查询 2. 电话咨询 3. 进行公司或店面实地考察	● 是否注册商标 ● 商标注册具体内容 ● 商标注册类别和范围 ● 商标注册地
5	品牌策划	1. 互联网搜索：官网或百度百科等 2. 电话咨询：拨打企业招商电话进行咨询 3. 进行公司或店面实地考察	● 品牌名字 ● 品牌来源 ● 品牌理念
6	公司理念	1. 互联网搜索：企业官网、百度百科等 2. 电话咨询：拨打招商电话进行咨询 3. 进行公司或店面实地考察	● 是否有公司理念的文字介绍 ● 公司理念的具体文字内容 ● 公司理念的内涵和诉求 ● 公司理念的实用性 ● 公司理念的贯彻执行
7	公司管理制度	1. 互联网搜索 2. 电话咨询 3. 进行公司或店面实地考察	● 公司管理制度是否完善 ● 具体的管理制度情况 ● 现行管理制度的规范化程度 ● 管理制度的执行情况
8	人才招聘	1. 互联网搜索 2. 电话咨询 3. 进行公司或店面实地考察	● 利用的招聘渠道是收费或是免费 ● 具体有哪些渠道，比如58同城、赶集网、中华英才、前程无忧、智联招聘等 ● 招聘的岗位和相关福利待遇

（续表）

序号	名称	调研方法	调研的内容
9	产品情况	1. 互联网搜索：通过官网、电商平台或微信公众号等网络渠道搜索 2. 电话咨询：公司或店面电话咨询 3. 公司或店面实地考察：观察、品尝、与服务员攀谈等	● 菜品品类 ● 菜品的数量和分类 ● 主要菜品名称 ● 菜品价格 ● 菜品味道 ● 人均消费金额 ● 原材料来源 ● 菜品制作工艺 ● 菜品的装盘情况 ● 菜品的标准化 ● 菜品的竞争优劣势
10	餐饮类别	1. 互联网搜索 2. 电话咨询 3. 进行公司或店面实地考察	● 中式快餐/西式快餐 ● 简餐 ● 自助餐 ● 正餐 ● 吧台式餐饮 ● 休闲娱乐型餐饮 ● 绿色餐饮 ● 超市餐饮 ● 火锅式自助餐 ● 风味餐 ● 主题餐
11	VI 和 SI 设计	1. 网络搜索：官网中关于 VI 和 SI 设计的内容，或通过图片搜索，查看其店面门头和店内的物品摆放以及室内空间装修设计等情况 2. 电话咨询 3. 进行企业或店面实地考察：观察其门头、店内物品摆放、室内装修设计等情况来作出判断	● 是否有 VI 和 SI 设计 ● VI 和 SI 设计是否经过专业设计公司设计 ● VI 和 SI 设计的具体风格 ● VI 和 SI 设计在各个店面是否统一和规范

（续表）

序号	名称	调研方法	调研的内容
12	店面面积	1. 网络搜索：通过查看官网上的信息，或者通过查看店面内的图片来估算其面积 2. 电话咨询：通过招商电话了解店面面积 3. 店面实地考察：通过亲自去店面考察，用目测或者其他方式估测其店面面积	● 现有店面的面积范围 ● 不同店型的面积区别 ● 直营店的店面面积要求 ● 加盟店的店面面积要求
13	店面信息系统	1. 网络搜索 2. 电话咨询 3. 店面实地考察：通过在店面亲自体验就餐过程，以了解其单店的管理信息系统使用情况	● 点餐过程是否使用自助点餐设备 ● 除现金和刷卡外，是否有在线支付功能，如支付宝、微信等 ● 是否使用店面系统管理软件 ● 连锁店的各个店之间是否联网 ● 员工使用信息系统的熟练和正规程度
14	全国店面数量和分布情况	1. 网络搜索：通过地图搜索关键词，比如360地图、百度地图、高德地图等 2. 行业协会：通过调取行业协会的相关统计数据，可得知某个行业的店面数量等相关信息	● 具体分布的省份/城市 ● 所在省份/城市的具体店面数量 ● 通过店面数量和分布来推测该企业或此行业的市场规模 ● 通过多个品牌店面分布来分析行业竞争态势
15	顾客评价	1. 互联网搜索：大众点评网等 2. 问卷调查：通过网络调查或者现场问卷调查	● 等位情况 ● 上餐速度 ● 餐量和外观 ● 味道评价 ● 价格 ● 服务质量

（续表）

序号	名称	调研方法	调研的内容
16	营销推广	1. 互联网搜索：如新浪微博、微信公众号、大众点评、互联网新闻等 2. 电话咨询：招商电话咨询 3. 公司或店面实地考察	● 互联网推广情况 ● 推广渠道 ● 电视媒体广告投放情况 ● 是否有微信公众号 ● 是否有官方微博 ● 是否进行微信或者微博软文推广 ● 是否在使用社群营销方式推广 ● 店面营销推广情况 ● 总部营销情况 ● 分店和加盟店的营销情况 ● 总店与单店关于营销推广的任务分配 ● 是否有地推活动 ● 地推活动的展现形式
17	电子商务	1. 电商平台： （1）综合平台，如淘宝、天猫、京东商城等 （2）垂直细分领域平台，如唯品会等 （3）外卖平台，如饿了么、到家美食汇、百度外卖、美团网、大众点评网等 2. 订购体验： 通过网络或者电话订购该品牌产品，进行实际体验	● 电子商务平台的销量 ● 信誉度好坏 ● 经营时间 ● 是否有线下门店 ● 产品价格 ● 送货速度 ● 服务态度 ● 是否有官网 ● 是否微商销售 ● 品牌理念 ● 包装设计 ● 生产/外包加工
18	单店管理	1. 互联网搜索 2. 电话咨询 3. 公司或店面实地考察	● 店长管理/加盟商自行管理 ● 规范化管理/粗放式管理

（续表）

序号	名称	调研方法	调研的内容
19	扩张模式	1. 网络搜索：通过搜索关键词“品牌名字 + 加盟”的方式搜索，看是否有加盟相关信息。通过观察其官网了解情况 2. 电话咨询：通过询问总部或者单店人员来了解情况 3. 店面招牌识别：正规招揽加盟商的盟主会在店面招牌上注明加盟电话	● 直营/加盟 ● 加盟扩张是规范式/粗放式 ● 是否众筹 ● 是否有风险投资 ● 企业盟主对加盟商的管控情况
20	特许经营情况	1. 网络搜索：通过搜索该公司官网、加盟网站等 2. 电话咨询：通过拨打加盟电话详细询问相关信息 3. 直营店面实地考察：通过观察店内外的各种情况，特别是营业时间。最好在不同的时间段进行实地考察 4. 区域加盟商或加盟商的店面实地考察：通过去区域加盟商或单店加盟商的店面观察、试吃、与店内工作人员交流等	● 加盟金情况 ● 保证金情况 ● 权益金情况 ● 加盟合同期限 ● 总部扶持情况 ● 招商团队和督导团队情况 ● 后期是否持续给加盟商供应原料 ● 加盟合同 ● 盟主目标是牺牲品牌形象快速赚钱，还是寻求品牌化的稳步发展 ● 盟主的口碑和信誉度 ● 直营店和加盟店的数量及分布情况 ● 是否招募区域代理商 ● 区域代理商的合同方式、费用和收取方式

第四节　了解加盟：高效借力盟主方的力量

来自盟主的支持包括哪些方面

一、盟主应正确认知加盟支持

加盟支持是用来为加盟商的赚钱而保驾护航的，这也是潜在加盟商在正式签约盟主之前，重点进行咨询和考察的主要方面。因此，在加盟支持方面，盟主应尽自己最大的可能，将自身能够给到的支持全部展现出来，以避免让更多的潜在加盟商与盟主的好项目擦肩而过。

但是在实际的展现过程中，很多盟主却过度地进行了自身所能给予的加盟支持的夸大和虚构，从而给潜在加盟商带来项目评判方面的误判，也为盟主日后的经营与信用带来非常大的麻烦。

因此，在加盟支持方面，笔者建议从如下几个方面去正确地认知加盟支持（如表2－6所示）。

表2－6　加盟支持认知角度一览表

序号	加盟支持认知角度
1	避免出现虚假承诺，须结合企业自身特性去设计
2	你可以去模仿，但切忌抄袭同行或对标别的企业
3	避免招商员过分承诺，一定要明确加盟支持的要点
4	避免出现人云亦云，寻找独特属性的支持方式

二、盟主方可提供的支持方面

对于一个加盟企业而言，可以给予加盟商的加盟支持可以有很多，但是，我们需要清晰地意识到，哪些方面才是你的加盟商在某个阶段最需要的，是最能够保障他获得成功的，而不是你认为最合适的就是最好的。

对于一些不知如何提炼自己企业能够给予加盟商哪些加盟支持的盟主可以参照如表2－7中所示的内容，编写适合本企业的可给予的加盟支持体系。

表 2-7　加盟支持一览表

序号	支持角度	详细解析
1	品牌支持	对于在全国范围内有一定的品牌影响力的盟主企业，均可以将自己企业品牌的使用作为给予加盟商的加盟支持，因为品牌影响力本身就自带“粉丝”。当然，在全国范围内已经拥有一定品牌影响力的企业毕竟是少数，对于初期发展的加盟连锁企业而言，如果你的拓展区域在一定的商业半径之内，而你又在这个区域内家喻户晓，你依旧可以在区域范围内招商时使用品牌支持，作为自己给予加盟商众多支持中的一种
2	宣传支持	新店的开业如果想迅速打开市场，借助一些媒介进行宣传推广是最好的方式之一。作为加盟总部而言，完全可以将宣传支持作为自己给予加盟商的一种支持方式，对于这种支持方式，一方面总部可以作为吸引加盟商加盟的条款之一，另一方面既满足了加盟商新开店面无人知晓的尴尬境地，也能够帮助总部迅速地依托此店，开展地推式的招商宣传，可谓是一举多得
3	促销支持	开业做活动已然成为新开店面的常态化做法，开业做活动需要有促销的产品或服务。作为加盟总部可以依据加盟的类型，针对性地通过制定特殊的产品、特殊的促销期间订货价、特殊的促销物料等形式来给予加盟商支持，从而吸引更多的创业者涌入至加盟体系之内
4	培训支持	很多加盟商在开业前夕都会产生开业恐惧症，担心各种问题的发生。作为加盟的总部，需要做的就是将这些年、已加盟店经历过的成功经验、失败教训等内容都汇总成各种类型的培训教材，然后系统地对加盟商进行培训，以此来缓解加盟商对于新店的各种忧虑，从而降低潜在加盟商的犹豫度，实现快速决策、快速加盟
5	产品支持	盟主这些年、已加盟店沉淀下来的每一款产品都是经验的积累，都是通过大量的人力、物力、财力的付出而换回来的结果。因此，盟主方给加盟商提供的经营所需的产品，都可以作为盟主给加盟商提供支持的一种方式

（续表）

序号	支持角度	详细解析
6	技术支持	盟主这些年、已加盟店沉淀下来的每一项技术都是经验的积累，都是通过大量的人力、物力、财力的付出而换回来的结果。因此，盟主方给加盟商提供的经营所需的技术，都可以作为盟主给予加盟商提供支持的一种方式
7	专利支持	盟主方所拥有的发明专利、创新型专利等，都可以授权给加盟商进行展示、宣传、使用。因此，该项授权本身就可以算作是盟主给予加盟商支持的一种方式
8	开业支持	盟主可以依据过往开店的经验，将开店的经验标准化成一套开业手册，然后一方面教会加盟商如何使用开店手册进行开业筹备，另一方面根据实际需要，安排相关人员协助加盟商进行开业筹备。总而言之，即使是总部的领导亲临开业现场，都可以算作是盟主给予加盟商的一种开业支持
9	选址支持	尽管很多盟主已经完成了单店选址模型的标准化，并且也能够给予加盟商进行有关选址内容的培训，但是在实际操作过程中，加盟商依旧不能很好地去把握店址。因此，盟主可以通过选址手册的发放、选址手册的培训、协助指导选址、协助评判选址等方面，作为总部给予加盟商在选址方面支持的一种方式
10	营销策略支持	该项支持可以分为几个阶段，第一个阶段是开业前的营销策略性支持，第二个阶段是开业期间的营销策略性支持，第三个阶段是单店在常规运营期间的营销策略性支持。无论是哪个阶段的营销策略性支持，均可以作为总部给予加盟商在营销策略支持方面的一种表现。但是，笔者着重强调一点，即盟主在营销策略方面的支持不应该是上述内容的其中一个阶段，而应该是上述内容的全部阶段
11	资金支持	这方面的支持相对比较特殊，这个支持与加盟连锁企业的商业模式有着紧密的联系，因为只有总部在商业模式之中有所涉及，才能够真正地落实此项支持。此项支持的实施可以包括盟主方给加盟商提供创业资金贷、创业资金担保、联营店面的开设等

（续表）

序号	支持角度	详细解析
12	人才支持	这个方面的支持，总部可以通过派遣开业驻店店长、开业驻店核心岗、临时性驻店店长、临时性驻店核心岗、推荐店面经营所需的人才等方面，来实现盟主给予加盟商在人力支持方面的一种方式
13	装修支持	这个方面的支持，总部可以通过委派第三方给加盟商进行店面的装修，以及总部直属的装修公司给加盟商进行店面装修，以及总部负责出具单店装修效果图再指导加盟商进行装修等形式，来实现盟主给加盟商在装修支持方面的一种方式
14	物料支持	物料支持更多地体现在加盟商在加盟后的第一个阶段，比如开业时所需的宣传物料、产品物料、日常经营所需的物料等内容。总部将本应该有偿销售给加盟商的物料，通过免费赠送、低价售卖等形式给予加盟商，从而实现盟主给予加盟商物料支持方面的一种方式
15	设备支持	设备支持更多地体现在加盟商在加盟后的第一个阶段，比如开业时所需的各种设备，这些设备有些是日常经营时必需的设备，有些是开业时为了营造某种氛围而临时用到的设备。对于这些设备，总部将本应该有偿销售或租赁给加盟商的设备，通过免费赠送、低价售卖、免费租赁等形式给予加盟商，从而实现盟主给予加盟商设备支持方面的一种方式
16	研发支持	总部不断地向加盟商推出有关产品/服务方面的新鲜内容，都可以作为盟主给予加盟商在研发支持方面的一种方式
17	平台支持	绝大多数的盟主能够接触、运用、嫁接的平台型资源，是一个独立的加盟商很难完成的工作。但是在总部的转介绍、引荐、嫁接后，作为独立的加盟商则可以借助平台资源进行单店的发展，此种做法完全可以作为盟主给予加盟商在平台支持方面的一种方式
18	系统支持	很多加盟连锁企业，在使用了一段时间的通用版本的企业管理系统之后，都会在原有系统的基础上进行创新型的改良，从而产生出更适合加盟总部、加盟单店共同使用的一套管理系统，而加盟商能够使用这样的管理系统，对于总部而言，完全可以作为盟主给予加盟商系统方面支持的一种方式

（续表）

序号	支持角度	详细解析
19	调换支持	对于一些经营产品的连锁企业而言，盟主如果能够给加盟商提供调换过时、过季、残品、次品以及店面之间的跨区域调货等支持，一定能够在众多的加盟项目之中脱颖而出，从而让更多的潜在加盟商加盟进来
20	名人支持	总部如果拥有这些方面的资源，这些资源能够通过人物亲临现场、人物形象代言、人物远程互动等方式给予加盟商支持，那么这个项目一定能够在众多的加盟项目之中脱颖而出，从而让更多的潜在加盟商加盟进来
21	运营支持	一个没有运营团队的加盟连锁企业是不完整的企业，但是很多加盟连锁企业却并不能够将建设运营团队作为自己企业发展的重心，从而让很多加盟商在加盟之后的几个月内，就开始陆陆续续地关店大吉。相反，在这个时代，如果盟主拥有一支经验丰富、模式新颖、支持全面的运营团队，而且这支运营团队又能够在第一时间给予加盟商店面的运营支持，那么这个项目一定能够在众多的加盟项目之中脱颖而出，从而让更多的潜在加盟商加盟进来
22	物流支持	这个方面的支持，总部可以通过委派第三方给加盟商进行物流配送，也可以是总部直属的物流公司给加盟商进行店面配送。无论是哪种形式，只要盟主方能够让加盟商实现投入成本低、快速收到物品等优势，均可以作为盟主给予加盟商在物流方面支持的一种方法
23	项目退出支持	这个方面的支持比较特殊，这与加盟连锁企业的商业模式有着紧密的联系，因为只有总部在商业模式之中有所涉及，才能够真正落实此项支持。此项支持的实施可以包括盟主方给加盟商提供接盘人、总部议价回收等形式来实现。此项支持政策对于盟主方来讲是一把双刃剑，一方面可以迅速地让犹豫不决的加盟商涌进体系之内，另一方面也需要总部拥有强大的后续运营团队，以承接退出项目的周转
24	标准化支持	这个支持对于加盟连锁企业而言，本不应该成为一种特殊化支持，但是在这个时代，很多加盟连锁企业并没有实现单店经营的标准化，从而使得那些实现了标准化的企业鹤立鸡群

（续表）

序号	支持角度	详细解析
25	业绩奖励支持	盟主方可以月度、季度、年度作为考评时间段，设置各种不同的奖项，一方面可以让经营中的加盟商有奋斗的劲头，另一方面可以让潜在的加盟商看到自己的努力能够换来收获，从而让更多的潜在加盟商加盟至项目中
26	价格政策支持	盟主方对产品、设备、器材、物料等单店经营过程中所需的物品，通过特殊的议价策略，让新进的加盟商获得显著的价格优势，从而实现盟主给予加盟商在价格政策方面支持的一种方法
27	实时支援支持	加盟商虽然属于第三职业，但是作为这个第三职业的工作者，同样会感受到老板的孤独。因此，在经营过程中，如果盟主能够实时支援加盟商在日常经营过程中所遇到的棘手问题，那么这个项目一定能够在众多的加盟项目之中脱颖而出，从而让更多的潜在加盟商加盟进来
28	专家共享支持	对于一些特殊的职业，专家的实力就代表了企业的整体实力和单店的综合实力和如果总部通过资源共享的方式，整合市面上的某些专家资源，然后再将这些资源共享给每一个单店，那么这些单店在本商圈范围内的影响力一定会大幅攀升。共享的方式可以是远程协助、亲临现场等形式。而这方面的加盟支持也一定会吸引潜在加盟商蜂拥而至
29	实时信息支持	盟主可以将来自消费者状况、活动状况、产品信息、服务信息、促销信息等有助于单店经营的信息，通过分类处理后实时共享给加盟商。这项工作的完成将会让盟主独树一帜于其他加盟项目，从而可以吸引更多的加盟商加盟进来
30	系统知识支持	零散地进行单店经营的培训，不能够让加盟商获得真正的成长和蜕变，相反会让加盟商在零散地接触信息时误解信息的真义，从而作出错误的判断和行动。因此，如果一个盟主能够将单店经营所需的信息全部做成系统化的知识体系，然后有节奏地对加盟商进行针对性的培训。那么，此项支持同样也能够成为盟主独特的支持，从而让更多的潜在加盟商加盟进来

（续表）

序号	支持角度	详细解析
31	案例支持	盟主方所拥有的各种案例，都可以授权给加盟商进行展示、宣传、使用等，因此，该项授权本身就可以算作是盟主给予加盟商支持的一种方法
32	定制支持	定制支持可以从不同的角度去看待，比如许多单店在自己做活动期间，需要定制一些特殊的小礼物，而一个单店定制的数量毕竟有限。但是总部可以通过协调几家店面同时进行定制，以帮助加盟商在满足定制需求的同时，能够支付最低的价格。定制可以是单店接单，总部为单店的消费者完成定制服务；也可以是盟主针对加盟商经营环境、资源配置等情况，针对性地进行加盟商商业经营的个性定制。上述种种均可以作为盟主给加盟商定制支持的一种方法
33	配赠支持	很多加盟商在加盟时都会询问这样一句话，你们的加盟费都包括什么。当一些品牌影响力不是很强的盟主方，在说出加盟费并不包括一些硬件的物品时，很多潜在加盟商都会略带一些失落的情绪。如果盟主方能够将一些物品用市场的价格计算进加盟费总额中，虽然加盟费总额看似提升了，但是当招商人员给潜在加盟商进行项目介绍时，潜在加盟商会有一种加盟费降低的感觉，从而让这个配赠支持得以发挥出其最大的能量，让更多的潜在加盟商加盟进来
34	驻店支持	在加盟店的开业之初、在经营的特殊时段，加盟商缺乏专业人员、缺乏应急人员时，总部可以实现外派驻店支持，这样加盟商在实际经营过程中，就可以甩开膀子再向前冲刺一下。此政策的实施，一方面对于潜在加盟商是巨大的诱惑，另一方面对于经营期间的加盟商而言也是一个有效的保障。因此，此项政策的实施一定能够让这个项目在众多的加盟项目之中脱颖而出，从而让更多的潜在加盟商加盟进来

（续表）

序号	支持角度	详细解析
35	活动支持	活动是单店与消费者之间互动的最好理由，因此，单店制定的活动越多，消费者与店主之间的互动频率就会越高，消费者的黏性当然也会水涨船高。但是对于单店而言，不断地更新迭代出各种活动是很难做到的，因为单店的人手、层次、精力毕竟有限。对于盟主方而言这就相对比较容易，因为盟主可以搜集全国范围内各个单店创造出来的活动，然后稍加优化后就可以普及给全国各个门店。此做法虽然简单，但是绝大多数的加盟连锁企业却并不将此当作一回事，从而错失了这么一个绝佳的支持模块，也错失了一个强有力地吸引加盟商加盟的机会
36	资质支持	盟主方所拥有的各种资质，都可以授权给加盟商进行展示、宣传、使用等，因此该项授权本身就可以算作盟主给加盟商提供支持的一种方法
37	荣誉支持	盟主方所拥有的各种荣誉，都可以授权给加盟商进行展示、宣传、使用等，因此该项授权本身就可以算作盟主给加盟商提供支持的一种方法
38	渠道支持	随着互联网、物联网等先进技术的普及，很多行业的盟主具备了给加盟商提供客户、提供直接销售渠道的支持。当盟主喊出这样的一个口号“加盟送客户，开店有渠道”时，很多加盟商能不闻风而至吗
39	政策支持	这个政策支持对于一些特殊行业而言至关重要，比如安保类、供电类、医院类、学校类、药店类的加盟连锁企业，如果盟主拥有更多的政策便利，可以帮助潜在加盟商实现店面的开设工作。那么，这项目在这个行业之中一定是最抢手的
40	延伸收入支持	随着互联网、物联网等先进技术的普及，很多行业的盟主具备了给加盟商提供更多商品销售、更广区域销售的能力。当盟主喊出这样的口号“先开店，后赚钱；一处开店，全国卖货；小店面，大卖场”时，很多加盟商定会闻风而至
41	策划支持	盟主能够在加盟商开业时帮助进行一场针对性的开业庆典策划，能够在门店所处的特殊商圈内策划出独特的营销活动等，这些方面如果盟主方通过企业的企划部门可以实现，那么这个项目也将会成为引人关注的项目

注：上述内容并非穷尽了所有的加盟支持，在实际运营中可以增加优化。

盟主会以什么方式兑现其加盟支持内容

总部对于加盟商的支持源于某一个赚钱模式的输出，对于这个赚钱模式而言，它本身包括的内容比较多，所以在输出模式的过程中，会以不同的形态与方式给予兑现，具体的兑现方式如表 2－8 所示。

表 2－8　盟主兑现加盟支持的方式

序号	支持内容	兑现方式
1	品牌支持	一个店面的装修效果图，就完成了盟主对加盟商在品牌方面的支持
2	宣传支持	● 精准的广告投放 ● 区域性的广告投放 ● 现有客户群的嫁接 ● 成熟渠道的嫁接 ● 其他能实现宣传目的的营销动作
3	促销支持	● 促销品的支持 ● 促销活动的支持 ● 订货价格方面的支持 ● 其他能够实现促销目的的营销动作
4	培训支持	● 集体培训支持 ● 一对一培训支持 ● 线上培训支持 ● 答疑解惑式培训支持 ● 成熟经营类纸质手册支持 ● 成熟经营类电子版手册支持 ● 到店指导培训支持 ● 其他能够完成培训支持的方式
5	产品支持	● 成熟产品供应支持 ● 半成品产品供应支持 ● 原材料类供应支持 ● 其他形态的产品支持
6	技术支持	● 制作工艺类技术支持 ● 生产加工类技术支持 ● 网络系统类技术支持 ● 商品包装类技术支持 ● 其他方面的技术支持

（续表）

序号	支持内容	兑现方式
7	专利支持	● 已应用于商品或服务中的支持 ● 专利扫描件的展示型支持
8	开业支持	● 开业策划方案的支持 ● 开业礼品赠送支持 ● 领导亲临现场支持 ● 协助执行开业活动支持 ● 开业筹备支持 ● 其他方面的开业支持
9	选址支持	● 发送选址手册支持 ● 远程指导选址支持 ● 协助审核店铺支持 ● 协助选址型的支持 ● 代替选址型的支持 ● 直接提供店址型的支持 ● 其他方面的选址支持
10	营销策略支持	● 开业前营销活动方案的支持 ● 开业中营销活动方案的支持 ● 开业后日常营销活动方案的支持 ● 针对性设计店面活动方案的支持 ● 协助设计活动海报的支持 ● 协助修订营销活动方案的支持 ● 不同类型产品的营销策略支持 ● 其他形式的营销策略支持
11	资金支持	● 减免部分资金的支持 ● 分期支付部分资金的支持 ● 协助贷款的支持 ● 延缓部分资金支付时间的支持 ● 盟主直接提供创业贷的支持 ● 其他形式的资金支持

（续表）

序号	支持内容	兑现方式
12	人才支持	● 协助招聘人才的支持 ● 代招聘人才的支持 ● 推荐人才的支持 ● 驻点指导类支持 ● 店长外派支援式支持 ● 附近加盟商的支持 ● 其他形式的支持
13	装修支持	● 装修效果图的支持 ● 指导采购装修材料的支持 ● 验收装修效果的支持 ● 直接代替加盟商装修的支持 ● 指定装修商装修店面的支持 ● 协助审核装修方案的支持 ● 协助审核装修合同的支持 ● 给予装修清单、参考价格、供应商类清单的支持 ● 其他形式的装修支持
14	物料支持	● 产品包装类物料支持 ● 产品介绍类物料支持 ● 产品礼盒类物料支持 ● 宣传类物料支持 ● 经营低值易耗品物料的支持 ● 指导采购型支持 ● 代替采购型支持 ● 赠送部分物料类支持 ● 个性化设计物料支持 ● 其他形式物料支持
15	设备支持	● 指导设备采购型支持 ● 代替设备采购型支持 ● 赠送部分设备类支持 ● 个性化定制设备支持 ● 其他形式设备支持
16	研发支持	● 个性化的研发支持 ● 持续的研发能力支持 ● 具备不断推出新品的支持 ● 其他方面的研发支持

（续表）

序号	支持内容	兑现方式
17	平台支持	● 协助加盟商完成资源整合的支持 ● 将完成整合的资源嫁接给加盟商 ● 其他方面的平台支持
18	系统支持	● 免费提供系统使用权的支持 ● 低价提供系统使用权的支持 ● 其他形式的系统支持
19	调换支持	● 产品调换支持 ● 物料调换支持 ● 设备调换支持 ● 其他方面的调换支持
20	名人支持	● 名人代言类的视频、图片等方面的支持 ● 名人亲临单店现场的支持 ● 其他形式的名人支持
21	运营支持	● 经营过程督促型支持 ● 经营过程中答疑解惑型支持 ● 运营经验的及时分享型支持 ● 其他方面的运营支持
22	物流支持	● 自有物流体系的支持 ● 低价签约的物流系统支持 ● 代洽谈当地物流公司的支持 ● 免除物流费用的支持 ● 其他方面的物流支持
23	项目退出支持	● 盟主亲自接手项目所有权的支持 ● 盟主介绍其他加盟商接手项目所有权的支持 ● 其他方面的项目退出支持
24	标准化支持	● 标准化的经营手册支持 ● 标准化的工具支持 ● 其他标准化方面的支持
25	业绩奖励支持	● 设定业绩前几名的奖励支持 ● 设定特殊贡献类加盟商的奖励支持 ● 其他类型的业绩奖励支持
26	价格政策支持	● 折扣类供货支持 ● 特殊定价权的支持 ● 区域价格保护类支持 ● 其他方面的价格政策支持

（续表）

序号	支持内容	兑现方式
27	实时支援支持	● 盟主方即时通信工具类实时支援支持 ● 盟主方亲临现场式实时支援支持 ● 就近加盟商实时支援支持 ● 其他形态的实时支援支持
28	专家共享支持	● 远程型共享专家类支持 ● 亲临现场型专家类支持 ● 其他形式的专家共享支持
29	实时信息支持	● 客户实时信息支持 ● 渠道实时信息支持 ● 营销方案实时信息支持 ● 运营经验实时信息支持 ● 其他方面的实时信息支持
30	系统知识支持	● 由浅入深地将店面经营所需的支持，采用有清晰主线的方式对加盟商进行培训
31	案例支持	● 名人案例支持 ● 身边人群案例支持 ● 特殊性案例支持 ● 其他形式的案例支持
32	定制支持	● 帮助加盟商有针对性地进行产品、物料等方面的定制
33	配赠支持	● 产品类配赠支持 ● 物料类配赠支持 ● 装修类配赠支持 ● 设备类配赠支持 ● 其他方面的配赠支持
34	驻店支持	● 有期驻店指导支持 ● 无期驻店指导支持 ● 有目标制驻店指导支持 ● 无目标制驻店指导支持
35	活动支持	● 定制化的活动方案支持 ● 过往的成功活动方案支持 ● 其他形式的活动支持
36	资质支持	● 资质授权使用型支持 ● 资质扫描件展示型支持

（续表）

序号	支持内容	兑现方式
37	荣誉支持	● 荣誉授权使用型支持 ● 荣誉扫描件展示型支持
38	渠道支持	● 渠道洽谈经验支持 ● 渠道洽谈工具支持 ● 成熟渠道嫁接支持 ● 协助洽谈渠道支持 ● 其他方面的渠道支持
39	政策支持	● 政策解读类支持 ● 政策应用方面的支持 ● 政策便利渠道嫁接类支持 ● 其他方面的政策支持
40	延伸收入支持	● 指导加盟商嫁接同类消费者的不同消费需求 ● 将成熟的其他项目、产品嫁接给加盟商
41	策划支持	● 协助加盟商策划所需要筹备的活动、合作方式等方面的内容

盟主的支持会分哪几步输出

对于加盟连锁模式的基本游戏规则而言，实际上就是通过一些企业运营的机制，让一个从来没有涉足过该项目的加盟创业者，具备经营该项目的能力。

在这个过程中，招商部实际起到的作用就是将项目的优势有效地传递给创业者，然后带领创业者按照盟主方指定的加盟规则加盟品牌方。加盟过程实际上是盟主与加盟商之间关系的开始，在接下来的模式输出过程中，会由盟主方的营建部、商学院、督导部等依次进行指导支持。

营建部主要负责店面有形部分的输出，商学院主要负责店面无形部分的输出，督导部负责持续性地给加盟商提供有针对性的支持。在实际输出过程中可以参照图 2－2 所示流程结构图。

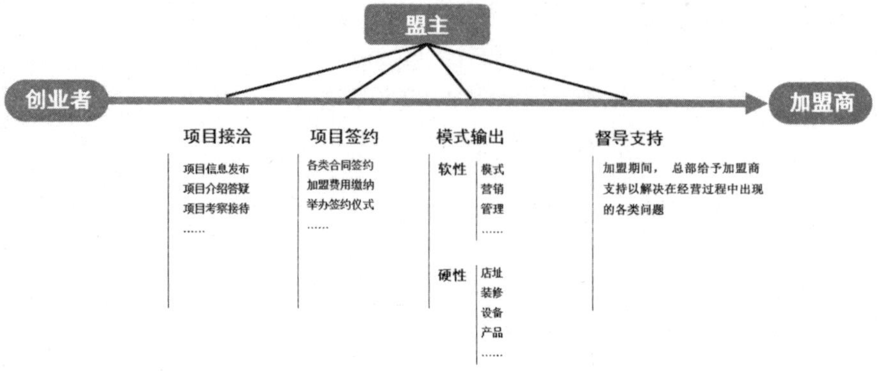

图 2－2　盟主方几大部门给予加盟方指导支持的流程示意图

对于图 2－2 所示内容的输出，我们也可以通过下文所述的三个输出步骤来完成。

一、模式输出的第一步

加盟连锁模式在输出过程中最重要的三个部门之一是营建部，营建部在整个输出过程中处于最前端的角色。很多加盟连锁企业虽然在进行体系输出的过程中成立了营建部，同时也意识到营建部的重要性，但是在具体实施单店营建工作时总是出现这样那样的问题。因此，笔者从营建部对单店提供支持服务内容的“服务内容”“服务方式”“起点与终点”三个方面进行介绍。

（一）服务内容

营建部为单店提供的服务支持内容非常多，因为行业不同、产品不同会略有差异，但是基本上都遵循这样一个原则，那就是“从无到有”，比如选址、装修、办证、招聘、器材进店、设备调试、展品陈列等，一直到店面正式开业为止。

在此营建服务过程中，营建部需要依据工作内容的时间先后顺序，合理地将工作内容安排至《单店筹建日程表》之中，然后依据此店面的人员配置情况，合理地进行工作内容的分配。

（二）服务方式

很多加盟连锁企业的营建部在为单店提供支持服务时，经常会出现两个极端情况。

第一个极端是“应付了事”。以店面装修为例，营建专员只是将店面的《SI 手册》发给单店营运人员（指单店的店长，或者是加盟店的加盟商），让他们自行寻找装修公司，再让装修公司按照《SI 手册》上面的装修效果图出具施工图，然后直接进行店面的装修工作。如果按照上述情况进行，经常会造成店面的装修工作反复返工的现象出现，而总部与单店之间的裂痕也会因此正式拉开序幕。因为上述过程中的营建部缺少了指导单店选择装修公司、审核施工图等工作，而这些工作对于一家新开的店面来说是至关重要的。

第二个极端是“亲力亲为”。比如，总部在面对单店在营建过程中出现的各种问题总是习惯性地“眉毛胡子一把抓”，久而久之，营建部就演变成了单店营建过程中的救火队员：哪里需要，就往哪里奔。如此做法虽然能够解决一般性的直营店店面的营建工作，但是对于加盟店来说就非常棘手了，因为加盟店开店的时间集中性比较明显，区域分布比较零散，从长远角度看，这种做法会严重制约加盟连锁企业的拓展。

在笔者看来，上述两种错误做法的核心原因有二：其一，没有搞清楚加盟连锁总部营建部在进行营建工作时的服务方式究竟是什么；其二，没有将相关的工作内容沉淀至相应的手册之中。因此，笔者根据 5 年多的专业特许连锁的顾问咨询的经验，为营建部的工作内容总结出了八字方针，即“指导、协调、督促、检查”，企业只要严格地按照这八字方针来营建，即会切实地保证单店营建成功与顺利进行。那么，这八字方针到底是什么意思呢？作如下分析。

何谓“指导”？意思是指，营建部在服务工作过程中只需要将相应的工作方式、工具传递给单店营运人员，然后指导单店营运人员进行具体的实施操作即可。以店面选址为例，营建部人员首先要知道自己所处的行业在一般情况下可以利用哪几种渠道快速地获得店址，然后再将这些获得店址信息的渠道、发布的内容、发布的时间段等经验传递给单店人员。待单店人员找寻到店址信息后，营建部再将包含10大模块的选址打分表发送给单店人员，让单店人员按照打分表对自己寻找到的店面信息进行综合评分。如上所述，这才是营建部要为单店提供的“指导”服务。

何谓“协调”？意思是指，营建部在指导店面进行营建工作的同时，还需要做好单店与总部其他相关部门的关系协调工作，比如，与总部的培训部协调好具体的培训时间、与物流中心协调好产品配送的时间等。这些就是营建部要为单店提供的“协调”服务。

何谓“督促”？意思是指，营建部自单店开始筹备的那时开始，就即刻开始与单店营运人员共同制定出一个“单店筹备日程表”，然后以此日程表来督促单店营运人员必须保质保量地在既定的时间内完成相应的工作任务，以免因时间耽误为单店带来一系列不必要的损失。在单店筹建的时间内，笔者建议营建专员必须保证每天都能够知晓店面的营建进度，然后凭借多年的店面营建经验给予单店营运人员相应的建议，以便进一步提升单店的营建速度和质量。

何谓“检查”？因为营建部在负责店面营建过程中需要进行检查的工作内容特别多（在此，笔者举几个比较典型的例子。第一个例子是营建部在负责加盟店的营建工作时需要实际测量店面的建筑面积，以免加盟商签了小型店的加盟合同，却经营着旗舰店的面积；第二个例子是加盟商都有自己的个性和喜好，因此在进行店面的装修过程中经常会根据自己的喜好而随意地改变加盟连锁总部要求的统一装修风格，从而影响加盟连锁总部的品牌形象），所以，营建部要时刻关注着店面的装修进度，以及实时的装修效果，并以此来避免加盟店店面装修结束后，却发现加盟商没有按照总部的统一要求进行店面的装修。虽然这种情况下的损失一般都会由相对弱势的加盟商承担，但是加盟连锁总部在加盟商心中的专业与专家的地位一下子就会一落千丈，而加盟商也很有可能会在日后的经营过程中用自己的方式从总部“找回”自己的损失，而这正是造成盟主与加盟方之间产生矛盾的最主要原因和现象之一。综上，营建部为单店提供的“检查”服务是非常必要的。

（三）起点与终点

单店是支持整个加盟连锁模式的基础元素。对于店面来说，店址无疑成为扩张的首要条件。因此，店址的选择成为加盟连锁总部营建部的主要工作之一，也是营建部工作的起点。这个起点对于加盟连锁总部来说意义很多，直接选择店址可能是为了直营店面的拓展，直接选择店址也可能是为了更好地促进招商工作的开展，而指导加盟商选址则是为了进一步提升加盟商成功的几率。依据公司发展的战略不同，选址的意义也就不尽相同，但是这个工作对于营建部来说却是所有工作内容的第一步。

工作内容的第一步比较好确定，但是营建部工作内容的终点不尽相同：有的企业将营建部的终点界定在店面装修结束，而象征着营建部工作内容结束的文件就是店面装修验收审核单，以此来作为营建部工作终点的句号；有的企业将营建部工作的终点界定在店面试营业之后的3天，单店开门营业、顾客进店则象征着营建部工作内容的结束；有的企业将营建部工作的终点界定在店面试营业之后的15天，为什么是15天而不是3天？是因为总部考虑到单店在试营业之后不一定能够将总部的培训内容完全消化后应用到实际的店面营运工作中去，因此多了 2 周左右的时间来进一步提升单店成功的概率，也因此在《加盟指南》之中的“18 项支持”中多了一条“扶上马送一程”的承诺。

不同的连锁企业因行业不同、规模不同、产品服务不同等，在营建部工作内容的终点界定上千差万别。虽然上述多种界定方式各有利弊，但是依据实际情况和笔者多年的试验与研究，以及实际市场的反馈，笔者建议将营建部工作内容的终点界定在店面正式开业之后更为合理，原因至少有如下三点。

第一，单店开业前就交接工作容易导致多方人员的权责界定不清。

单店在正式开业之前，会有很多方面的调整工作，而这些调整性的工作内容主要由营建部来负责，因此，我们可以设想一下，如果过早地将单店移交给营建部之后的后续部门即督导部负责，那么，如若单店出现了问题，基于督导部与营建部、单店之间的三角关系就会很容易出现“扯皮”现象。

第二，单店开业前就交接工作容易导致开业策划方案偏离实际。

对于一个新开设的店面来说，开业庆典做得好坏将会直接影响到店面在当地的立足与经营。营建部从指导或帮助单店进行选址到店面正式营业一般都在 45 天（不包含选址的时间）以上，在这段时间里，营建部对于单店所处的商圈、周围的消费水平、消费习惯以及单店实际经营人员的特点等都会有相当程度的了解，然后再结合单店自身的内在外在的因素，营建部完全可以制定出一个落地性很强的开业策划方案。但是，如果督导部在单店开业之前直接接手单店，并为单店提供开业策划方案的话，该开业策划方案其实是大有问题的，因为督导部对于该店的实际了解远远不如营建部。

第三，单店开业后再交接工作可以一举三得。

营建部为单店提供的支持服务是短期性的，督导部为店面提供的支持服务则是长期性的。对于前期的单店来说，它们不需要过多、过深的营运培训，因为其接受能力是有限的，而营建部在这个时候刚好能够通过初级的指导来帮助单店运营人员快速地过度到下一阶段的营运工作之中。此种做法既可以缓解督导部的压力，又可以让单店快速地进入正轨，还可以让营建部获得相应的收入提成，可谓一举三得。

综上所述，依据“服务内容”，我们可以明确营建部实际的岗位职责；依据“服务方式”，我们可以明确营建部如何实施自己的岗位职责；依据“起点与终点”，我们可以明确实施自己岗位职责的起与止。每一步工作的明晰不但可以显著提升营建部的工作效率，还可以提升整体的服务质量。

俗话说得好，“万事开头难”。只有走好了第一步，才能为后续的每一步奠定更扎实稳定的基础，所以，身处于整个加盟连锁模式输出最前端的营建部的工作更需要引起每一个加盟连锁企业的高度重视。

二、模式输出的第二步

在加盟连锁模式输出的第一步中，笔者着重阐述了硬件设施如何进行输出。在加盟连锁模式输出的第二步中，其输出方式主要以培训为主，而此阶段的培训质量将直接影响到日后加盟商店面实际的经营情况。所以笔者通过剖析加盟连锁总部负责培训工作的培训部，来详细解读加盟连锁模式成功输出的第二步到底该如何进行。

在接下来的剖析过程中，笔者将通过培训部的精准定位、职责内容、培训模式、讲师分布、培训节点等5个方面进行详细解读。

（一）精准定位

经过实际调查结果显示，绝大多数的加盟连锁企业都给予了培训部一个错误的定位，即将企业内部的培训部定位为讲师团队。但凡输出体系所需培训的内容均由这个“强大”的讲师团队来完成。貌似全能型的培训讲师，其背后显现出来的则是专业性不够、实用性不强、严重地与一线市场脱轨。从而导致很多加盟商都不愿意参加总部的统一培训，认为此种培训纯粹是浪费大家的时间，而事实也基本如此。

基于上述情况，笔者建议加盟连锁企业应首先将培训部定位为以统一协调、组织、安排、实施、督促、评审整个培训过程的“教务处”，而不是“万能”的讲师团。

（二）职责内容

教务处式的培训部主要负责本加盟连锁体系在输出过程中所需培训课程、培训讲师、培训模式、考核方式、培训方式等的设计、制定、实施、监控等工作。

在培训课程方面。培训部需要负责培训课程的调研、开发、试讲、存档、更新等工作，以确保培训课程的内容具备实用性、时效性、全面性、系统性，从而实实在在地实现“复制成功、克隆财富”的目标。

在培训讲师方面。培训部一方面要负责内部培训讲师的招募、培训、内聘、管理、考核、奖惩等工作，另一方面还要负责外部讲师的筛选、评审、签约、考核等工作。

在培训模式、考核方式、培训方式等方面，培训部同样也要站在教务处的角度进行相关工作内容的制定、实施与监控。

（三）培训模式

为了能够更好地将单店的成功经验复制给加盟商，笔者建议培训部采用“认知培训 + 理论培训 + 实操培训 + 实习培训”的模式进行输出。

1. 认知培训

所谓认知培训是指在开始正式培训之前给予加盟商的一些铺垫性的

培训，此种铺垫性培训至少包含学习的重要性、企业自身情况以及市场情况三个方面的内容。

之所以将学习的重要性排在了培训的前列，其主要原因是由中国国情决定的。在中国，对于大多数的盟主来说，他们选择的加盟商大多数集中在20万元以下的投资额，而这些投资人中有85%以上的文化水平偏低，对于学习的重视程度也不高，所以总部在对此类人群进行相关培训之前，必须着重对他们进行“学习重要性”的培训，否则培训的最终效果会大打折扣。虽然此种结果的出现对于任何一方来说都是不愿意看到的，可是一旦出现，大多数加盟商会将责任百分百地归咎于总部，将总部的培训视为一文不值。由此笔者着重建议培训部在安排加盟商统一培训时，首要的培训内容就是“学习的重要性”。

“学习的重要性”是认知培训模块的主要培训内容之一，除此之外，培训部还要负责安排相关讲师进行企业、市场等模块信息的传递。其目的至少有两个：一个是让每一位加盟商对企业、产品、市场都拥有百分百的自信，另一个则是让每一位加盟商都能够清晰地认识企业、了解产品、熟悉市场，从而进一步利于促进接下来培训内容的学习以及日后的店面实际经营。

2. 理论培训

所谓理论培训是指将无需实际动手操作或实际动手操作之前所需熟知的信息内容，通过讲授的方式进行传授的培训模式。如单店的各项工作职能、职责、经验、技巧、规章、制度等方面的信息。

3. 实操培训

所谓实操培训是指将操作性比较强的内容通过角色扮演、户外训练、情境模拟等方式进行的培训模式，如单店的陈列、礼仪、话术、导购、演示等方面的信息。

4. 实习培训

实习培训主要由直营部、督导部主要负责，培训部所需要担当的工作就是将完成上述三种培训内容的加盟商移交给直营部、督导部，由直营部、督导部统一协调安排加盟商到相应的店面进行实习。

（四）讲师分布

讲师是谁？讲师来源于何处？这两个问题困扰着绝大多数的加盟连锁企业。笔者依据多年的顾问咨询经验，建议连锁企业的讲师团队由专职讲师、兼职讲师、外聘讲师共同构成。

专职讲师是指直属于培训部领导，不再担任公司其他部门工作内容的讲师群体；兼职讲师是指直属于公司营建、督导、人力、财务、物流等职能部门领导，但需要依据培训部的培训计划及时地为加盟商提供授课内容的讲师群体；外聘讲师则是由培训部通过合同关系聘请的为公司提供相应模块培训内容的讲师群体。

上述内容如图 2－3 所示。

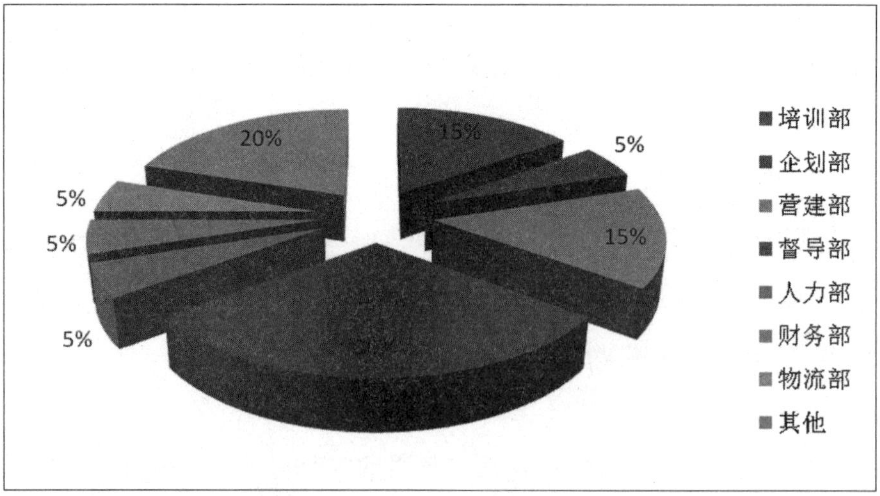

图 2－3　内部讲师的分布比例图

专职讲师与兼职讲师属于公司的内部讲师，主要分布于公司的各个职能部门。专职讲师主要由培训部的讲师构成，而兼职讲师的分布则比较广泛，如主要负责单店硬件设施输出的营建部、负责单店全面质量管理的督导部，以及人力部、财务部、物流部等其他职能部门。

笔者依据多年的顾问咨询经验以及多渠道的访谈结果，将企业内部讲师分布情况做了一个剖析，建议连锁企业在组建、调整公司内部讲师团队时可参照图2－3所示的比例进行相关讲师的抽调、选拔和培训。

通过图2－3我们可以看出，近50%的内部讲师来自营建部、督导部，其主要原因是这两个部门一直处于服务单店的一线工作，他们更了解单店运营的方方面面，尤其是来自于督导部的讲师。对于督导部的督导专员来说，其主要的招聘渠道就是内部选拔，而主要的选拔对象一般都是经营店面比较出色的店长，然后再在这样的一批人中选拔更优秀的督导专员成为讲师。他们讲述的内容更贴合一线，更有利于单店相关人员吸收、消化以及应用。

作者着重解释下图2－3中所示的“其他”一类中的讲师。这些讲师一部分来自于公司的其他职能部门，一部分来源于经营店面非常出色的加盟商。之所以选择让加盟商也成为公司的内部讲师，其原因有很多，如通过增加加盟商的参与度来加大加盟商对总部的依赖感、自身的荣誉感，通过加盟商的成功经验分享来提升业绩一般或很差的加盟商的自信心以及竞争意识。

（五）时间节点

对于刚刚加入某个行业的加盟商来说，虽然他们需要学习和了解的内容非常多，但是在界定的时间内，每个人对新鲜信息的接收程度、理解程度、应用程度都是有限的。在这里，笔者依据多年服务于连锁企业的经验给大家提出一个关于培训节点设置的建议。

如图 2－4 所示，总部的培训部在进行相关信息的培训时，要依据行业、企业的实际情况，合理地将培训内容拆分成 2 ~ 4 次进行，如基础班培训、提升班培训、晋级班培训以及其他培训，以避免一蹴而就的培训方式让最终的培训效果大打折扣。

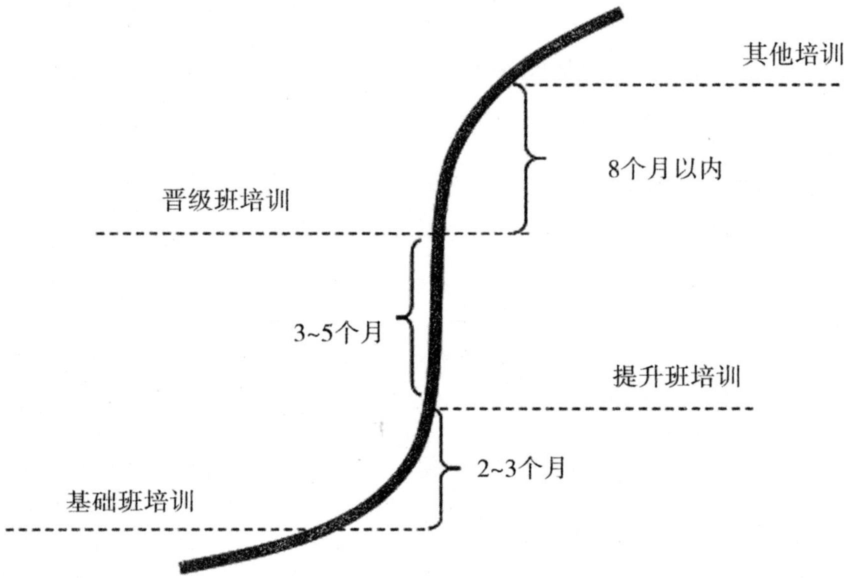

图 2－4　培训节点与内容的设置

要知道，因一蹴而就的培训方式受到伤害的，不仅仅是加盟商，而是双方。加盟商加盟总部之后没有能够掌握相关的经营技能，因此造成单店经营业绩始终上不去；对于总部而言，加盟商赚不到钱，总部也就赚不到钱。当然，在这里要剔除掉纯粹以赚取加盟费为目的的骗子项目。而加盟商只要赚不到钱，他们就会将过失转嫁到总部，认为是总部没有支持到位，久而久之，一个非常出色的加盟项目就会因为加盟商不断传递出的负面信息而日落西山。

一般来说，基础班培训一般安排在单店开业之前完成，以保证单店的各岗位人员能够在开业之后各司其职，实现单店的基本运营功能。等到2～3个月之后，单店各岗位人员能够完全应用基础班的培训内容时，再进行提升班的培训，以保证单店能够快速进入盈利阶段。

一般情况下，提升班培训的内容需要单店各岗位人员花费一定的时间才能够完全消化，在这里笔者着重强调一点，就是不要急于安排下一阶段的培训，此阶段的培训内容对于单店来说是一个非常重要的转折点。2个月的基础培训没有让单店盈利，无论是对于加盟商还是对于总部来说都可以理解。可是3～5个月之后，单店的业绩依旧上不来，首先着急的是加盟商，其次这份急火会慢慢地燃烧到总部，总部的客服部可能会担当“去火”的角色，督导部则更有可能担当“救火”队员的角色。而这些都是大家所不愿看到的结果。

所以，笔者建议企业在制定第三阶段的培训节点时一定要贴合自身的实际情况。如果第一阶段、第二阶段的培训不能够有效地帮助到加盟商，那么第三阶段的培训内容就会让总部非常尴尬，因为当总部召集加盟商来参加总部培训时，即使是态度友好的加盟商也会回复总部说，“不参加了，培训的内容没用，还浪费我经营店面的时间和来往的车马费”。

第四个阶段的培训内容的灵活性比较强，一般是由总部外请的培训讲师来进行针对性的培训。对于此种培训内容，笔者建议不要让新加盟的加盟商参与其中，因为他们在未将之前的培训内容消化之前，再接受更高端的培训，只会增加加盟商的学习负担，且与总部开展培训的实际的目的相距甚远。

综上所述，我们可以看出，加盟连锁模式的输出不是简单的培训部一个部门的事情，而是需要总部各个职能部门全部参与其中才能够顺利完成。这一点看似简单，但现实情况是，中国大多数的连锁企业都是将加盟连锁模式输出的第二步全权移交给了“万能”的培训部。对于出现此种情况的企业，笔者建议尽早调整，以免大堤溃于蚁穴。

三、模式输出的第三步

加盟连锁模式在输出过程中的基础元素是——单店，单店由硬性方面（包括店铺、装修、证照、人员、货品、包装、展柜、设备、画册等）以及软性方面（文化、宣传、导购、流程、话术、礼仪、技能、管理、制度等）构成。

前文“透析加盟连锁模式输出第一步”“透析加盟连锁模式输出第二步”中详细阐述了单店在硬性方面、软性方面如何进行标准化、统一化、规范化的输出。加盟连锁模式输出的第三步工作与前面的两个步骤有所差别，主要表现在如下几个方面：

- 输出的周期不再聚焦于某一时间段
- 输出内容的灵活性较强
- 输出内容的针对性、实用性较强
- 输出的方式不再以培训为主，而是以督促、指导、检查、抽查、帮助、纠正等方式为主
- 其他

如上所述，我们可以看出加盟连锁模式输出第三步的独特性。所以，在正式与大家分享加盟连锁模式输出第三步之前，有一点需要明确，即模式输出的第三步工作主要由加盟连锁总部的督导部来负责完成，而笔者在此将通过介绍督导部的定位、部门衍生与基础架构、制定简单易操作的督导工具、多重模式开展督导工作等方面，来透析加盟连锁模式输出的第三步。

（一）督导部在加盟连锁总部运营过程中的错误定位

在实际经营过程中，大多数连锁企业对督导部的定位都非常模糊、

非常不利于企业的长久发展。

笔者着重与大家分享两个比较典型的关于督导部错误定位的事例。

1. 督导部成为总部的“推销员”

部分连锁企业将加盟连锁总部的督导部单纯地定位为总部的“推销员”，而这个现象大多数出现在零售行业。督导部每天的主要工作内容就是不断地给加盟店施压，让它们抓紧时间订货，而忽略掉辅导加盟店进行店内产品的销售工作，从而造成加盟店的货品积压卖不出去，加盟商怨声载道。

2. 督导部成为总部的“救火队员”

部分连锁企业在招募加盟商时给予了加盟商一系列的加盟支持的承诺，可是在加盟商真正加盟总部的项目之后，总部却发现自己根本就没有能力、没有时间、没有人员、没有手册等资源去兑现过往的承诺，而为了掩盖住加盟商的怨声，只能够被迫将总部的督导部转换成所谓的“外派店长”，然后通过让他们不断地下店帮助加盟商进行产品的销售、店面的管理、人员的招聘等具体工作，以此来堵住加盟商不满的抱怨声。可是这种做法带来的后果是，督导部失去了存在的真正价值，增加了总部的人力资源成本，而且还进一步恶化了总部与加盟商之间的裂痕（从好的方面来讲，一个能够给加盟店创造价值的外派店长虽然能够暂时性地解决加盟店的问题，但是外派店长却不可能长期地驻扎在加盟店之中，此种做法可谓是扬汤止沸；从坏的方面来讲，一个不能够给加盟店创造价值的外派店长驻店之后，加盟店还需要为其承担食宿费、交通费等费用，本就怨声载道的加盟商遇到此种情况后，可谓是火上浇油），可谓是得不偿失。

（二）明确督导部在加盟连锁总部的清晰定位

为了避免上述现象的出现，我们需要对加盟连锁总部的督导部作出一个正确的定位。依据多年来的研究，中国政法大学加盟连锁研究中心给加盟连锁总部的督导部的职责制定出了一个定义："督导部通过督促、指导、检查、抽查、帮助、纠正等方式持续地不定期地针对性地解决单店在日常经营过程中遇到的实际问题。"

通过上述职责定义，我们可以清晰地知晓督导部的工作方式是督促、指导、检查、抽查、帮助、纠正等方式；督导部为单店提供的服务是长期性的，此处所指的长期性是指加盟期内，如图 2－5 所示。

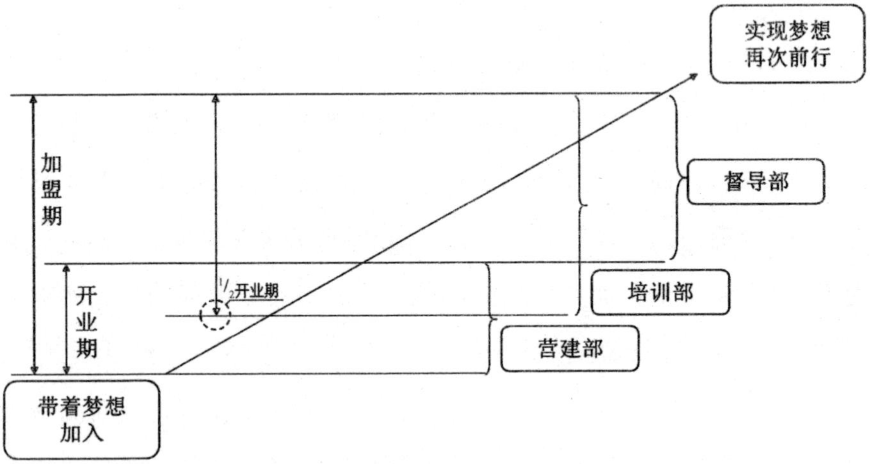

图 2－5　督导部的职责长期性示意图

督导部为单店提供的服务虽然是长期性的，但是在采用督导服务时应避免出现定期性的督导，而应采用不定期的随机性督导，以保证单店时刻保持在高规格要求下开展日常运营管理工作。

"针对性地解决单店在日常经营过程中遇到的实际问题"即为针对督导部开展工作时的具体工作内容的总结。督导部的主要工作内容不是"指手画脚"，而是在发现单店存在的问题后给予一个可以立刻落地实施的解决方案，并辅导相应人员进行落地实施，然后持续性地跟踪解决方案的具体落实效果，以避免出现"查而不言、令而不行"的现象出现。

比如指导店面导购人员进行产品的销售，指导店长进行店面人员的管理、考核、激励，以及店面营销、宣传活动的积极开展等。

（三）督导部的部门衍生与基础架构

1. 督导部的部门衍生

只要企业打算采用连锁经营、加盟连锁的模式来发展自己的企业，那么督导部必将成为不可缺少的一个部门。可是在连锁企业发展的初级阶段时会遇到这样一个尴尬的局面，即明知连锁企业的发展需要督导这样的一个部门存在，可是没有太多的资金去养活这样一个独立的部门，即使拥有了资金打算设立这样一个部门，却发现现阶段的企业没有太多的工作安排给督导部来负责。

对于如上情况，我们只需要遵循两个基本原则即可：

一是岗位可以不单独设立，但是工作内容必须设定。

二是一人多职，一职多能。

如上所述，一方面可以满足现阶段的工作需要，另一方面又可以节约企业发展初期的资金问题，可谓是一举两得。但是，随着连锁企业的不断发展与单店数量的增加，仅将督导的工作内容安插进行是不能够满足连锁企业的发展需要的，那么这个时候就需要逐步将督导部从工作职能中衍生成独立部门。

首先了解下加盟连锁总部组织架构的基本构成。如图 2－6 所示，三个专属模块（特许专属模块、业务专属模块、支持服务模块）是连锁企业发展的必然构成部分，特许专属模块主要包含四个部门：招商部、营建部、培训部、督导部。对于这四个部门而言，发展初期的连锁企业很难将它们彼此之间的工作内容界定清楚。

接下来笔者着重给大家分享下中国式督导部在一般情况下的衍生历程，以此来帮助连锁企业清晰地界定各个部门的职责。如图 2－6、表2－9所示。

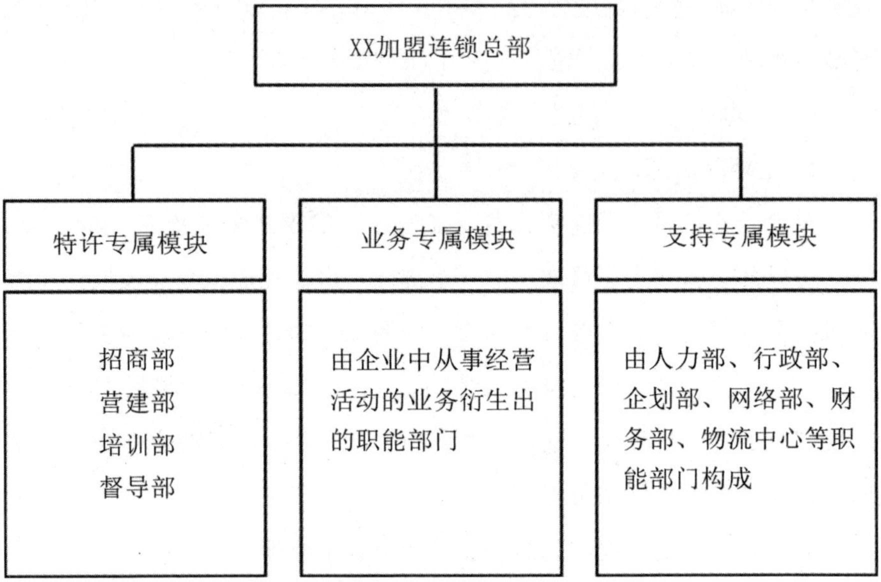

图2－6　加盟连锁总部的三大专属模块

表2－9　企业各部门职责兼容一览表

企业发展状况	招商部	营建部	培训部	督导部
连锁企业发展初期为直营连锁店	无	共同完成单店的筹建、培训、运营、管理、督查等工作，无部门专属工作的界定		
连锁企业符合“一标两店一年”的规范后，开始在总部周围开展加盟商招募计划	因前期有意向加盟商的数量不多，且企业本身需要沉淀招募加盟商的相关经验，所以前期将招商部与营建部的工作内容合并至一处，即信息获取、洽谈沟通、合同签约、单店开业等工作全部由该部门全权负责，此种做法既有利于兑现招商过程中的承诺，也有利于保障招商工作与后期的建店工作不产生脱节现象		共同完成单店的培训、运营、管理、督查等工作，无部门专属工作的界定	

（续表）

企业发展状况	招商部	营建部	培训部	督导部
招商工作初见成效，连锁企业单店的标准化相关工作完成，计划全国范围内开展加盟业务	独立成为一个部门，工作重点为招募加盟商	独立成为一个部门，主要工作内容为指导加盟商进行选址、装修、办证、人员招聘、协调培训、单店开业等	共同完成单店的培训、运营、管理、督查等工作，无部门专属工作的界定	
连锁企业现有单店基数达到一定数量，未来可见入围单店数量急剧增多	独立成为一个部门，工作重点为招募加盟商	独立成为一个部门，主要工作内容为指导加盟商进行选址、装修、办证、人员招聘、协调培训、单店开业等	独立成为一个部门，主要负责协调、培训单店在日常经营过程中所需要的所有业务，通过督促、指导、检查、抽查、帮助、纠正等方式持续地不定期地针对性地解决单店在日常经营过程中遇到的实际问题	

2. 督导部的基础架构

督导部相对于加盟连锁总部的其他部门而言，其人员架构的扁平化设计更有利于对督导部相关人员进行激励、督察、管理。因行业不同、企业不同，督导部的组织架构会有些许的不同，但是督导部的基础架构应基本保持一致，如图 2－7 所示。

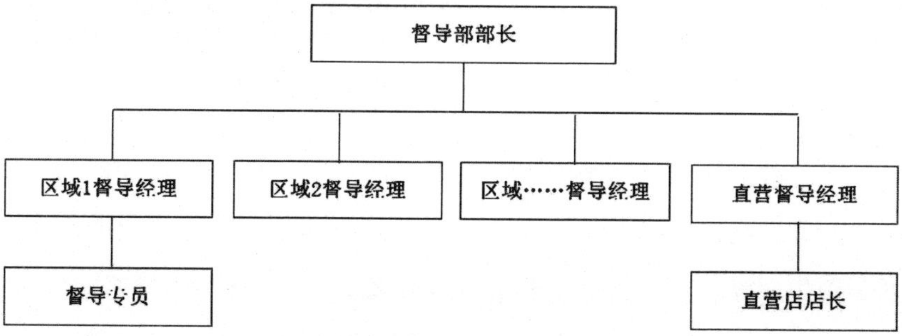

图 2－7　督导部的组织架构图

3. 督导部人员的来源渠道

督导部作为加盟连锁模式输出的最后一步，其重要性自然不言而喻。“欲戴王冠，必承其重”，对于督导专员的个人能力要求自然很高。因为这个部门的人员需要具备培训师的培训能力、店长的管理能力、导购人员的销售能力，以及熟悉与单店软、硬件设施相关的标准、制度等。

对于这样一个岗位上的人员，如果只是单纯地进行理论培训，其是很难适应这个岗位的工作内容的，所以笔者建议督导部人员的来源渠道应采用如表 2－10 所示的方式进行。

表 2－10　督导部人员的来源渠道一览表

企业发展阶段	主要来源渠道	备注
初创期	优秀的直营店店长	连锁企业在发展初创期一般会缺失大量的标准化的手册，所以只能够选拔优秀的店长才能够实现针对性地解决单店经营中实际存在的问题
发展期	优秀的直营店店长、营建部相关人员、外聘经验丰富的督导人员	连锁企业在发展期一般会拥有一定数量的标准化的手册，所以可以通过这些标准化的手册来培养一些督导部所需的人员，但是因为手册毕竟不完善，所以对培训对象的要求比较高
稳定期	优秀的直营店店长、营建部相关人员、外聘有意向从事督导工作的人员	连锁企业在进入发展的稳定期时必须拥有一系列“傻瓜”化、细节性、实战强的手册，以此来作为不断复制人才的基础。所以这个阶段对于人才的底蕴要求相对较低

（四）制定简单易操作的督导工具

依据笔者多年从事连锁顾问咨询策划的经验，无论是经验多么丰富的督导人员，在缺失简单易操作的督导工具的情况下，每一次的下店或多或少都会出现忘记督查、忽略督导等现象。

为了避免出现上述情况，为了提高督导的效率以及质量，我们需要制定出一系列的督导工作明细。督导工作的明细需要包含店面管理的方方面面，如店面督导表、产品督导表、人员督导表、政策督导表等。在制定上述明细表单时，必须要遵循手册编制的如下三个基本原则：

一是“傻瓜”，即指使用者在使用时一定要简单易操作。

二是细节，即督导的工作一定要全面、细致，避免出现轮廓性、纲领性的描述。

三是实战，即制定出来的督导明细一定要切合实际需求，避免出现大跃进式的督导。

上述内容如表 2 - 11 所示。

表 2 - 11　督导工作明细表

LOGO	店面督导表		表单编号：		制定部门：
			版本：		保存部门：
			填表人：______		填表时间：______
检查结果 / 进行检核时评价因素	满分 110	得分结果	问题描述	建议	复检情况
1. 店前空间和外观是否合乎规范？	5				
2. 门头是否标准、干净、完好、整洁？	10				
3. 店内装修装饰是否标准、干净、完好、整洁？	10				
4. 店内布局是否合理？	5				
5. 陈列区是否干净、整洁？	10				
6. 店内产品陈列是否合乎规范？	10				
7. 接待区是否标准、干净、整洁？	10				
8. 核心区是否标准、干净、整洁？	10				
9. 店内卫生是否合乎规范？	10				
10. 店内温度是否合乎规范？	5				
11. 店内灯光是否合乎规范？	10				
12. 店内背景音乐是否合乎规范？	10				
13. 店内视频音像是否合乎规范？	5				
14. 仓库是否整齐有序、干净、无异味？	10				
评价基准	A. 合计 88 分以上为良好 B. 合计 66 分以上为一般 C. 合计 66 分以下急需改进		评价		合计分数	

督导人员在下店的过程中，除了需要携带上文所述的各种表单之

外，还需要携带其他方面的督导工具，具体如下。

一是本次要督导的加盟商档案资料，具体包括：

- 店面商圈图、店面布局图、店面地址
- 加盟商的联络名单
- 加盟商的历史销售数据等
- 其他

二是检查记录工具，具体包括：

- 笔、笔记本
- 录音工具
- 照相工具
- 录像工具
- 电脑
- 其他

（五）多种模式开展督导工作

为了更好地开展模式输出的第三步工作，加盟连锁、连锁经营总部需要采用多种形式来开展督导工作。

督导工作的形式非常多，笔者在此着重分享下常用的三种督导方式。

1. 现场督导

即督导人员亲临专卖店现场进行实际监督与指导工作。此种督导工作比较浪费时间，但是效果比较好。

2. 非现场督导

督导人员没有亲临专卖店现场进行督导，此种督导工作比较节约时间，效果在某些方面比较好。其具体采取的手段包括：

- 信息系统：通过 ERP、itpos 等来分析专卖店进货量，从而判断

专卖店的经营效果

● 通信工具沟通：具体的工具包括电话、传真、QQ、email 等

● 第三方反馈：比如顾客投诉、政府管理部门的通知、供应商意见、媒体报道等

● 视频监控督导：即通过调取视频资料进行监督

3. 第三方督导

为了能够更加客观、真实地获取店面的信息，加盟连锁、连锁经营总部需要借助一些第三方机构来实现督导工作，如神秘顾客等。

上面所述即为笔者从督导部工作内容的角度，向大家透析了加盟连锁模式输出的第三步。第三步的输出既是对过往两步骤工作完成情况的检查，又是对过往两步输出工作不足的完善，同时也是加盟连锁总部在贯彻新政策、新思想、新模式下的最直接输出机构的新作为。

需以何种心态面对来自盟主的支持

对于加盟商而言，如何应对来自总部的支持非常关键。每一个盟主方都处于发展阶段，如果你能够站在对方的角度去思考问题，就可以从盟主方得到许多别人得不到的支持。切忌不可让自己拥有如下几个方面的心态（如表 2－12 所示）。

表 2－12　作为加盟商应避免出现的不良心态

序号	心态表现
1	我给盟主交了加盟费，盟主给我支持就是理所应当的。这个说法本身没有问题，但是盟主如果按照协议给你相应的支持，你会发现自己很憋屈，因为自己虽然得到了来自盟主的合约性支持，但实际上并不能够解决自己的实际问题

（续表）

序号	心态表现
2	我出现的问题，盟主方迟迟不能够提供成熟的解决方案。面对这个问题时，你应该思考出现这个问题是否具有普遍性，如果是普遍性的问题，盟主方可能会有解决方案。但如果是特殊性问题，这对于盟主方而言也可能是第一次出现，这个时候需要做的就是静下心来，与盟主方共同商量办法解决问题，而不是采用不良的手段来刺激盟主方的工作人员。请记住，他们是工作人员不是品牌创始人，他们会力所能及地帮助你，但是绝对不会纵容你
3	盟主的这个做法还不如我之前的做法。很多加盟商都会犯“经验论”的毛病。因为自己曾经听说过、看到过，或者自己干过相关的工作，就不再重视来自总部的经验传导。此种做法几乎不会让加盟商尝到甜头，正确的做法应该是采用“空杯心态”去学习来自总部的经验传递，然后根据总部的经验去高效执行。在执行的过程中，遇到问题可以第一时间去向盟主方请教。待到自己能够熟练运用总部的经验来经营店面时，再将自己过往的优秀经验慢慢地渗透至你的店面之中，如此才能够良性地运营加盟项目
总结	总之，如果想要高效地解决问题，一定要学会如何描述经营中出现的问题，可具体参考如下： ● 什么原因？ ● 出现了什么情况？ ● 我当时的思考是什么？ ● 尝试过哪些方式？ ● 执行的结果分别是什么情况？ ● 盟主建议如何改进？

第三章　开店步骤：学会抓住开店的要点

在本章中，笔者从独立创业者开店过程中，所需要重点注意的几个方面展开叙述。之所以选择从独立创业者的角度来展开本章内容，主要原因有如下两个方面：

- 独立创业者面临的创业环境复杂程度，远超过加盟创业者。从这个角度撰写，可以让加盟创业者学习到更多的创业经验，同时也能够进一步帮助独立创业者优化创业历程
- 加盟创业者的开店计划，一般都会由盟主方协助进行，比如盟主会给予加盟商选址标准、装修效果图、设备清单、营销方案等方面的内容

一个完整的店面开设，包含的工作类目比较繁多，绝大多数的工作内容都可以通过体力劳动、生活经验、第三方协助来完成。但是有些方面的工作，则需要经营者深层次掌握。所以笔者重点从财务测算、店面选址、装修设计、人员配置、店内导购、活动设计方面展开本章内容（如表3－1所示）。

表3－1　本章学习要点提示

序号	学习要点
1	掌握单店投资预算与经营利润测算的思路与测算方式
2	系统化地掌握单店选址方式与应用技巧
3	全过程了解单店装修究竟需要经历哪些环节，才能够被设计出来
4	领会店面在人员配置、留住人员这两个核心方面的模式设计思路
5	掌握如何成为一名商品成交专家的核心要点

第一节　要点一：经营单店要会算的两笔账

对于一个合格的店主而言，如果不清楚自己的投资与回收、每月的支出与回报等方面的数据，单店的经营状况一定会非常糟糕。因为这些数据决定了单店下一步的经营侧重点，比如哪些费用支出可以节省、哪些费用支出产生了非常好的效果。如此一来，店面的下一步经营就会拥有一个清晰的方向。

表 3－2 所示内容即为一个相对全面的单店投资预算表，店主在开业之前可以参照表中的内容，详细地测算下自己的未来盈收状况。

表 3－2　单店投资预算表

某品牌__________单店（标准）投资预算表（个体户）					
					单位：元
费表	费率表		变量表		
	销售税率	3.30%	月租金/M_2	60	
	服务税率	5.50%	装修费用/M_2	800	
	个体固定税额	2400	加盟金	30000	
	销售毛利	56.00%	品牌保证金	20000	
	服务毛利	70.00%	设备	2000	
	年销售增长率	20.00%	年营业天数	358	
	现金折现率	3.75%	水电费/月	800	
	服务及其他收入/销售收入	10.00%	物业费/月	200	
	服务及其他收入/零售收入	5%	办公费/月	200	
	固定资产残值率	5.00%	人员工资/店/月	12000	
	权益金/M_2	30.00	加盟期	3	
	店面租金递增	5.00%	转让期	10	
基本投资预测			第一年	第二年	第三年

（续表）

某品牌______单店（标准）投资预算表（个体户）					
					单位：元
基本投资预测	加盟期/（年）	3			
	计算面积（M^2）	45.5			
	转让费	40000.00	40000.00		
	备用金	2000.00	2000.00		
	加盟金	30000.00	10000.00		
	品牌保证金	20000.00	20000.00		
	设备	2000.00	2000.00		
	店面装修费	36400.00	36400.00		
	租金/年	32760.00	32760.00		
	首次订货额	80000.00	80000.00		
	首次订非商品订货额	10000.00	10000.00		
	其他（开办费）	500.00	500.00		
	总投资	253660.00	233660.00		
			第一年	第二年	第三年
	营业收入	708840.00	708840.00	850608.00	1020729.60
	销售商品收入	644400.00	644400.00	773280.00	927936.00
	年商品零售额	644400.00	644400.00	773280.00	927936.00
	日商品销售额	1500.00	1500.00	1800.00	2160.00
	日服务销售额	300.00	300.00	360.00	432.00
	营业成本	283536.00	283536.00	340243.20	408291.84
	销售商品毛利	360864.00	360864.00	433036.80	519644.16
	销售商品毛利率	56.00%	56.00%	56.00%	56.00%
	增值税(销售)	–	–	–	–
	销售商品利润	360864.00	360864.00	433036.80	519644.16
	服务收入	64440.00	64440.00	77328.00	92793.60
	服务成本	19332.00	19332.00	23198.40	27838.08
	服务毛利	45108.00	45108.00	54129.60	64955.52
	服务毛利率	70.00%	70.00%	70.00%	70.00%
	营业税(服务)	–	–	–	–
	服务利润	45108.00	45108.00	54129.60	64955.52
	营业利润合计	405972.00	405972.00	487166.40	584599.68
	固定资产				
	固定资产原值	2000.00			
	折旧年限	3.00			

（续表）

某品牌________单店（标准）投资预算表（个体户）					
					单位：元
基本投资预测	固定资产残值率	5%			
	年折旧额	633.33	633.33	633.33	633.33
	装修摊销	12133.33	12133.33	12133.33	12133.33
	转让费摊销	4000.00	4000.00	4000.00	4000.00
	权益金	16380	16380	16380	16380
	加盟金	30000.00	10000.00	10000.00	10000.00
	营业费用	190760.00	190760.00	192398.00	194117.90
	店面租金	32760.00	32760.00	34398.00	36117.90
	人员成本	144000.00	144000.00	144000.00	144000.00
	水电费	9600.00	9600.00	9600.00	9600.00
	物业费	2400.00	2400.00	2400.00	2400.00
	其他	2000.00	2000.00	2000.00	2000.00
	管理费用	4400.00	4400.00	4400.00	4400.00
	办公费	2400.00	2400.00	2400.00	2400.00
	其他	2000.00	2000.00	2000.00	2000.00
	财务费用	200.00	200.00	200.00	200.00
	利润总额	147465.33	170965.33	251021.73	346735.11
	所得税	2400.00	2400.00	2400.00	2400.00
	净利润	145065.33	168565.33	248621.73	344335.11
投资回报		总投资	第1年 净现金流	第2年 净现金流	第3年 净现金流
		-53660.00	185832.00	265388.40	361101.78
	净现值	749009.97	179115.18	246550.41	323344.38
	净现值差		-74544.82	172005.59	495349.97
			12	3.63	0
	投资回收期（月）	15.63			
	投资回报率	55%			
提示	斜线部分不用填写				
	斜体为手工填写数据的栏目				
	下划线为测算的评判结果		15.63		
注意	评判标准：净现值要大于零，并且投资回收期不宜超过18个月，投资回报率不应低于10%				

对于每月的经营数据状态，店主可以参照精简版的月度经营测算表

进行计算（如表 3－3 所示）。

表 3－3　单店月度经营测算表

单店月度收入来源				
毛利收入				
序号	盈收项目	流水额度	固定成本	损耗成本
1	A 项目			
2	B 项目			
3	C 项目			
4	D 项目			
合计金额				
毛利收入（毛利收入＝流水额度－固定成本－损耗成本）				
运营成本				
序号	成本类别			合计金额
1	房租			
2	人员工资			
3	水电			
4	杂费			
运营成本				
净利润（净利润＝毛利收入－运营成本）				

第二节　要点二：选择一个相对合适的店址

如何获取店铺信息

具体内容参考见表 3－4 所示。

表 3－4　店铺选址信息的获取方式一览

序号	获取方式	执行简述
1	自媒体	可以借助自媒体精准投放的优点来寻找店铺，比如在抖音上精准定位目标开店区域，然后借助“dou＋”的精准性投放“有偿提供商铺信息”类广告，可以实现一举两得的效果，一是可以实现目标市场的广告前置化宣传，二是可以获得不少不为人知的店铺信息
2	商圈联盟群	现在的商业中心都会有商家联盟类的微信群，可以借助他们的力量帮助你寻找到合适的商铺。另外，还会出现本来不打算转让的商铺，因为你诱人的收铺信息，而做出转让店铺给你的可能

（续表）

<table>
<tr><th>序号</th><th>获取方式</th><th>执行简述</th></tr>
<tr><td>3</td><td>招商中心</td><td>许多商业场所都设立了招商中心，可以直接去招商中心寻找你需要的商铺</td></tr>
<tr><td>4</td><td>物业中心</td><td>许多商业中心因为商铺都已经卖给了个人，而又没有实现统一的招商布局，这种商铺的转租信息一般会备案在物业中心</td></tr>
<tr><td>5</td><td>自己扫街式</td><td>1. 购买一张当地的纸质版的交通路线图
2. 依据自己对城市的了解，在纸质地图上划出适合开设单店的主要商业区域范围
3. 制定出扫街的最有效路线图，以不走重复线路、不走冤枉路为原则</td></tr>
<tr><td>6</td><td>求助中介</td><td>在各大论坛、分类信息网站上发布寻租寻售信息，如58同城、金铺网、赶集网、铺铺旺、搜房网、商铺网等</td></tr>
<tr><td>7</td><td>发布寻租或寻售广告</td><td>在各大论坛、分类信息网站上发布寻租寻售信息，如58同城、金铺网、赶集网、铺铺旺、搜房网、商铺网等</td></tr>
<tr><td>8</td><td>跟随竞争者</td><td>1. 获得同类竞争者店址所在地的地图
2. 标注店址周边的设施
3. 分析竞争者所在位置的优劣势，从以下方面分析（以餐饮店为例）
<table>
<tr><th>序号</th><th>项目内容</th><th>评判原则</th></tr>
<tr><td>1</td><td>人口流量</td><td>通过人口流量多少和消费高低确定餐厅的定位，看看我们的目标客户有多少。统计竞争对手的进店率和成交率、人流的动向。分析过后，我们再选择店铺的位置</td></tr>
<tr><td>2</td><td>周边商业设施种类</td><td>有多少商超、银行、办公楼、娱乐性场所，以及居民区的大小</td></tr>
<tr><td>3</td><td>交通方便状况</td><td>是否有便利的交通，还有足够的停车位，这样可以方便顾客前来就餐</td></tr>
<tr><td>4</td><td>是否在道口、路口和拐角处</td><td>如果是，则不建议选择。如果选择，是否有足够的餐厅能见度、是否有大面积的橱窗陈列、有没有广告的可见度、招牌能否做到醒目</td></tr>
<tr><td>5</td><td>住宅区、政府机关、事业单位</td><td>首先要了解住宅区的用户有多少、政府机关是否有食堂、外出就餐的比例是多少、上下班的时间</td></tr>
</table></td></tr>
</table>

（续表）

序号	获取方式	执行简述
9	开发网络关系	选址人员可以利用自己的人脉资源，将选址的基本要求编辑成简短的文字，然后通过手机、微信等方式群发出去，以便获得更多的店铺信息。参考内容如下："好久不见，想请你帮点忙！我打算在 XX 地开一家 XXX 店，现在需要一个 XX 平方米的店址。麻烦帮我介绍下，谢谢喽！"
10	挖铺	若在规划的商圈范围内实在寻找不到合适的店铺，可以采用挖铺的方式进行选址。所谓挖铺，指的是占用那些已经或正在被别人占用的店址的行为。挖铺的对象既可以是同行业的竞争者，也可以是非同行业的其余店址。虽然挖铺的行为在业内颇有争议，比如有人认为是它是恶性竞争、破坏"行规"，但无论如何，在目前的中国，并没有明确的法律限定挖铺是违法行为，所以在必要时也可以使用
11	搜寻免费地址源信息	可以在 58 同城、金铺网、赶集网、铺铺旺、搜房网、商铺网等网站寻找免费的店铺信息

单店选址原则

具体内容如表 3－5 所示（以餐行业为例）。

表 3－5　单店的选址原则一览

序号	选址原则	原则简述
1	目标市场原则	任何企业，都要根据目标市场来选择适当的地点、建立相应的规模、选择相应的设施设备和相应的经营内容和服务档次。单店的目标市场一般是高、中档次的工薪收入阶层，地址宜选择商业中心、居民区域和工薪阶层的工作区域，经营方式上可选择快餐、自助餐等
2	容易接近原则	单店应选择在交通便利的商业区、经济区、文化区，要尽可能设置规模相当的停车场，方便顾客来往；单店应按所在地人们的行进和停留的规律选址。总之，单店原则上应选择在顾客容易接近的地段和位置，因为顾客是以方便性来决定进入哪家单店的
3	具有可见度原则	可见度是指店面位置的明显程度，比如说选址的位置无论在街头、街中、巷尾，应让顾客从任何一个角度去看，都能获得对店面的规模和外观的感知，当然这需要从建筑、装饰等几个方面来完善。一般而言，单店宜紧靠某条主要街道、繁华的商业区域或某个公寓区

（续表）

序号	选址原则	原则简述
4	投资预期目标原则	单店在选址时，除考虑外部因素外，还应考虑自身的条件，如经营品种、方式等，要以能实现预期投资目标的地点来衡量地理位置的优越程度等
5	稳定性原则	单店选址应尽可能选择经济和治安比较稳定的区域，重点还要考虑所选地点在预期经营期内不能受到城市扩建、改造、违章等的影响
6	环境原则	周边环境最好是干净、没有污染物，要远离垃圾堆、厕所等

单店选址要点

具体内容如表3－6所示。

表3－6　单店选址要点一览

序号	选址要点	要点简述
1	拐角位置	拐角位置往往是比较理想的，它位于两条街道的连接处，是人流的停滞点；两条街道的人流汇集于此，会带来较多的顾客光顾
2	三岔路口	位于三岔路口正面位置的店面十分抢眼，是开店的理想位置，人流、车流量都很大。处在这样的有利位置，要用店招、广告、展示橱窗等吸引行人进入
3	避免坡路、台阶	坡路上开的店面往往让人感到进入有障碍，所以应当尽量避免。如果店面不得不选择坡路的话，必须考虑在适当的位置设置入口，以减低顾客进入的困难。一般来说，单店要求门前的坡路角度不得大于12度，超过12度的不予考虑。门前带有台阶的，首先看是否大于12度，另外看能否改造成坡道，如果可以改造则能考虑，不能改造的则不予考虑
4	避免门前障碍物	店面门前不能有大型障碍物，不能有隔离带、隔离栏，以及高于1.2米的绿化带和直对店面的电线杆、消防栓、大型树木等
5	门前停车位	选择门店时可以考虑门前是否有停车位。门店前方有停车位最佳，若门前没有停车位，也不需寻找有停车位的店址
6	楼层	最好是平街层（即一楼的位置）有足够的营业面积（营业面积150~300平方米即可），比较规整，地面到房顶的高度至少3米。最好是两开门，消防系统不得影响店内布局，如有影响是否可以改造，对于不能改造的消防系统不能考虑

（续表）

序号	选址要点	要点简述
7	建筑形态	店面位置的地面形状以长方形、方形为好，必须有足够大的空间容纳建筑物、停车场和其他必要设施。三角形或多边形的地面除非非常大，否则是不可取的。同时，在对地点的规模和外观进行评估时也要考虑到未来消费市场的可能
8	特殊要求	对于一些特殊的行业，可能还需要着重注意电压问题、上下水问题等
9	消防系统	开发商或业主是否安装了消防设施，是否完备、有效。若无，可否改建，开发商或业主是否愿意承担改建成本
10	交通方便性	门前道路要求双行，不得有单行道，车道最好 2 个以上，且交通方便、便于停车，没有交通管制，门前道路可以调头，在高峰期没有堵车特别严重的现象。

粗犷式筛选合格店铺

通过几个重要的指标来粗犷式地筛选符合标准的店铺，以便为店铺的选择节约更多的时间和精力，相关指标参照表 3 –7 所示。

表 3 –7　粗犷式店铺选择指标

序号	主要指标	详细说明
1	店面区间	单店的面积在多少平方米至多少平方米之间比较合适
2	房租区间	单店的日房租在多少钱之间能够接受
3	转让费	单店的转让费在多少钱以下可以接受
4	支付方式	季度、半年、年度支付方式，哪种最适合本店
5	店面朝向	客流主要流向的状态
6	商业配套	1.5 公里范围内有哪些商业配套利于本项目的开展
7	建筑形态	本项目可以接受哪几种单店的户型形状
8	能源供应	水、电、气的具体要求和情况
9	街道与交通	是否方便客户进店、停车、货物配送
10	公共服务	安保、垃圾废物处理类的服务内容是否健全
11	可见度	单店的位置在明显程度方面的具体要求

表 3 –8 所示内容以某小型餐饮店为例。

表 3 –8　某餐饮店的选址指标示例

序号	主要指标	详细说明
1	店面区间	15 ~ 40 平方米

（续表）

序号	主要指标	详细说明
2	房租区间	2～4元/平方米/天
3	转让费	5万元以下的转让费均可接受
4	支付方式	只能接受半年以下的支付方式
5	店面朝向	一般选择正南方向
6	商业配套	1.5公里范围内要有商超、娱乐、办公场所
7	建筑形态	餐厅以正方形或长方形为好，除非空间大，否则其他形状不可取
8	能源供应	必须通水、电、气
9	街道与交通	街道必须便利车辆来往通过
10	公共服务	必须要有安保、垃圾废物处理服务其他形状
11	可见度	餐厅的位置必须要能够被明显看见

多指标综合评价法精选店铺

一、选址重要指标含义

具体内容参见表3－9所示。

表3－9　单店选址的重要指标含义一览

序号	指标	释义
1	地理位置	是指被选店址所处地段
2	人口状况	是指被选店址区域内人口的数量、就业与收入水平、年龄结构、文化程度等
3	商业条件	是指被选店址属于什么类型的商业区域。一般划分为三类，即城市交通枢纽商业区、城市大型居民区商业街和城乡交汇处
4	交通条件	主要是指被选店址的交通方便程度。包括是否有单行道、是否属于交通特殊管制的地段、车辆是否能够便利到达等
5	资金投入	是指在被选店址处所要建设单店的资金投入与预计投资额的比较额
6	消费行为	是指被选店址区域内消费者的消费习惯和消费偏好
7	商圈成长性	是指被选店址所在区域未来发展的情况
8	店面情况	是指被选店址的可视性、店的面积大小、店内水电设施、门前停车位、交通状况等
9	政策法规	是指被选店址所处区域内城市建设规划和商业主管部门限制和鼓励的政策
10	停车条件	是指被选店址周围停放车辆的方便程度

二、评价指标与指标权重表

具体内容参见表 3 – 10 所示。

表 3 – 10　评价指标与指标权重表

编号	指标	权重	编号	指标	权重
1	地理位置	0.2	6	商业条件	0.1
2	人口状况	0.15	7	商圈成长性	0.03
3	消费行为	0.1	8	店面情况	0.1
4	交通条件	0.15	9	政策法规	0.02
5	资金投入	0.05	10	停车条件	0.1

注：表 3 – 10 所示的权重值，可以根据店面实际情况而有针对性地进行调整。

三、综合评定表

具体内容参见表 3 – 11 所示。

表 3 – 11　单店店址综合评定表

指标	权重	得分			得分 × 权重		
		甲位置	乙位置	丙位置	甲位置	乙位置	丙位置
地理位置	0.20						
人口状况	0.15						
消费行为	0.10						
交通条件	0.15						
资金投入	0.05						
商业条件	0.10						
商圈成长性	0.03						
店面情况	0.10						
政策法规	0.02						
停车场条件	0.10						
综合评价值	1	—	—	—	—	—	—

注：

1. 各个位置的打分以 100 分为满分，然后进行评估。

2. 可以根据被选地址的多少来扩充表格。

3. 总分 80 分以上为优秀；70 ~ 80 分为良好；60 ~ 70 分为及格；50 分以下不作选址考虑。

下面以某餐饮店的店址综合评定表为例进行说明（如表 3 – 12 所示）。

表3-12 某餐饮店的店址选择综合评定表

指标	评分标准	指标	评分标准	指标	评分标准	指标	评分标准	指标	评分标准
地理位置	—	人口状况	—	商业条件	—	交通条件	—	政策法规	—
公司商业聚集区	+20	人口数量（每千人）	+1	每个社区（2000户以上）	+30	门店前单行道	-50	较为宽松	+20
商业闹市区	+10	偏向中高收入者	+20	每个社区（1000户以上）	+20	门店前双行道	-30	适中	0
学校附近	+15	偏向中低收入者	+10	每个社区（500户以上）	+10	十字路口拐角处	-10	非常严格	-5
住宅区	+20	偏向低收入者	-10	每个社区（200户以上）	+20	道路拥挤程度严重	0	政府鼓励	+5
车站附近	+10	每个社区（200户以下）	+10	道路拥挤程度适中	+10	政府没有态度	0		
市郊路段	+10	每一个小型中档商住区	+5	道路拥挤程度较低	+5	政府限制	-5		
医院附近	+30	居民区（每100户）	+2	道路有隔离带	-20	治安良好	30		
大型工厂	+20			每一所银行	+5			治安一般	0
道路中段	+5			一所高中学	+15			治安差	-50
道路两端	+20			一所大学	+20				
三岔路	+30								
新兴商业区	+10								
旅游区	+20								
行政办公场所	-5								
消费行为	—	资金投入	—	商圈成长性	—	店面情况	—	停车条件	—

（续表）

指标	评分标准	指标	评分标准	指标	评分标准	指标	评分标准	指标	评分标准
高消费	+30	大	0	好	+30	可见性良好，可设置高度2米以上广告位	+20	没有停车位	-15
中消费	+40	中	+10	中	+20	可见性一般，可设置高度1.5米以上广告位	+10	门前有停车位	+15
低消费	+5	小	+5	坏	-10	可见性差	-20	附近大型停车场	+50
						有临街的落地窗户可展示	+20	附近中型停车场	+30
						无临街的落地窗户	-10	附近小型停车场	+10
						店内所有房间方方正正	+20	地下停车场	+20
						店内异形房间	-10	路边停车场	+30
						店外无障碍物	+20	无停车场	-15
						店外有障碍物，但可改造	0		
						店外有障碍物，但不可改造	-30		

（续表）

指标	评分标准	指标	评分标准	指标	评分标准	指标	评分标准	指标	评分标准
						外观整齐	+20		
						外观不整齐	-10		
						可签订5年以上租约	+30		
						可签订3年以上租约	+10		
						可签订1年以上租约	-10		

洽谈与签约店铺

一、租约签署原则

具体内容参见表3-13所示。

表3-13　租约签署原则一览

序号	原则内容
1	验证房屋的各项合法手续：产权证（原件）、过户或转让证明、税单、是否被抵押、是否有债权纠纷
2	房屋的用途和土地用途。必须确保房屋类型为商业房性质、土地是非住宅性质，方可承租作为商铺。否则，将面临无法办理营业执照以及非法使用房屋的风险
3	免租期尽量长
4	合作方式严禁抽成方式
5	协议明确不支付任何佣金
6	明确各项赔偿责任，尤其是互不承担财产保险责任
7	我方拥有房屋的使用权
8	我方可进行整体转租、部分转租及互换房屋
9	我方有优先续约权
10	要有完善退出机制，以60天缓冲期为宜
11	租金以季付半年为主，需预付的则要有折扣条件
12	押金的有效期尽量短，折抵速度要快
13	尽量不付定金

（续表）

序号	原则内容
14	物业服务项目尽量由对方承担，水、电、暖费用要明晰
15	对方态度比较急切的，要慎重

二、签约前的调查

在签约之前必须进行比较详尽的调查，主要包含以下两点（如表3－14所示）。

表3－14　签约前的详尽调查要点

序号	注意要点
1	房主是不是真具有租赁的权利。承租转租房屋的，还应当确认一房东与二房东之间的租赁合同具备同意转租的条款，或二房东已获得一房东的授权。此项检查要点，可以到当地房地产登记机构查询，以确定建筑物的所在地、所有权及其他事项。如果你知道实质的房屋所有权人，也需要查证是否省略了以房主名义登记或其他名义的登记人
2	目标商业建筑物有什么附带权益。此项检查要点，要查看土地所有权状况及建筑物所有权状况。还需调查有无租借人，若有租借人，则应确定是否马上可以使用。若为转租，可借契约书、营业许可证等证明资料，以确认营业名义人和租借名义人是否相同。另外，还得到税务机关和其他相关机构，查明有无未缴税款、欠款等，以免受到牵连。并查明此房屋是否已被抵押（注：房屋抵押后所签约的租赁合同不受法律保护）

三、签约的内容

签订合法租房合约的期限为3年以上，最好在5年以上。在签订租房合约时，合约需记载以下事项（如表3－15所示），且仔细阅读、充分了解之后才能盖章。

表3－15　房屋签约的要点一览

序号	签约内容要点
1	当事人姓名、交房屋时间、登记时间
2	建筑所在地及面积
3	租金、付款时间与方法
4	凡有关手续费、保证金收受的约定，要载明金额、收受时间、付款目的等
5	可解约的情况、解约的条件
6	有预设损害赔偿额或违约金的情况下，要载明其支付方法
7	规定有关税赋的条款

（续表）

序号	签约内容要点
8	双方协商免租装修期。免租装修期时常会出现在合同之中，主要是由于承租人在交房租之后需要对房屋进行装修，此项情况下，出租人赞成不收取承租人装修期间的租金，但“免租装修期”并非法律明确规定，因此，在签订合同时一定要明确约定装修期的起止时间，以及免除支付的具体用度。一般情况下，只免租金。现实使用发生的水电费还需按合同约定支付
9	明确承租人有使用权，可以整体转租、部分转租及互换房屋
10	明确承租人有优先续约权

四、签约阶段的注意事项

具体内容参见表3－16所示。

表3－16　签约阶段的注意事项一览

序号	注意事项
1	房屋的面积是否确实。还应当注明是全部租用，还是只租用部分，并清楚记载租用面积及区域。并在平面图上用红笔标记出并盖上印章，且作为合同附件一部分
2	租赁房屋时要明白记录金额总数、什么时候付款及租金以外的各种费用。确定下来将来若有续租、转租时，如何处理。押金该在什么条件下被归还，押金的性质。另外，房租方面，要详细注明款额、起算日、租期、续租时涨价的计算基准率及限度、管理费和公共设施费及其他项目的支付等，都需要注明具体金额
3	物品交接要确实，要注意电力状况、排水设备的状况，以及日后可能发生的问题，均要详细记载于交接单中，盖上印章或（手印）作为合同附件
4	何时申请出租许可登记（备案）。租借时，要清楚注明租房合同的起止期间
5	何时解除合约：必须具体规定解除合约时，要进行哪些手续及会导致何种结果等事项
6	须注明天灾及其他不可抗力的损害该由谁负责、如何负责等
7	注明店铺装修时须办理的手续
8	注明是否有装修期。装修期要尽量长，最好能再争取门店经营的免租期
9	物业费用尽量要求由对方负责
10	对方态度比较急切的，要慎重

第三节　要点三：装修一个市场需求型小店

开门做生意，目的其实很单纯，那就是用自己的付出，来换取更多的收入。因此，单店的装修不能像家庭装修那样，完全按照自己的喜好特点去装修，因为家庭的装修只需要让住在这个环境中的人身心舒服即可。但是单店的装修需要满足不同类型的人群来店消费，客单价低的单店如果装修得很豪华，低消费人群会不敢走进门店；客单价高的门店如果装修得很一般，高消费人群不愿意走进门店。因此，我们需要结合市场的真实需求，设计出一个能够迎合这些需求的店面。

在进行单店设计时，要充分考虑消费者、经营者、产品、服务等单独个体的因素，还需要考虑它们彼此间的连接因素。

因此，基于市场综合因素的思考，在设计 SI（空间识别系统）手册之前，笔者会先进行如下几个方面的设计。

第一步，设计项目的核心战略定位，以此来完成消费者定位、产品定位、服务定位等方面的定位。

第二步，设计 MI（理念文化系统）手册、VI（平面识别系统）手册。

第三步，设计消费者走线图。消费者走线图的本质是《单店导购服务流程与规范》的主线部分。主线部分的设计思路，可以参照图 3－1 所示内容，下面以某一吉祥物专卖店项目为例。

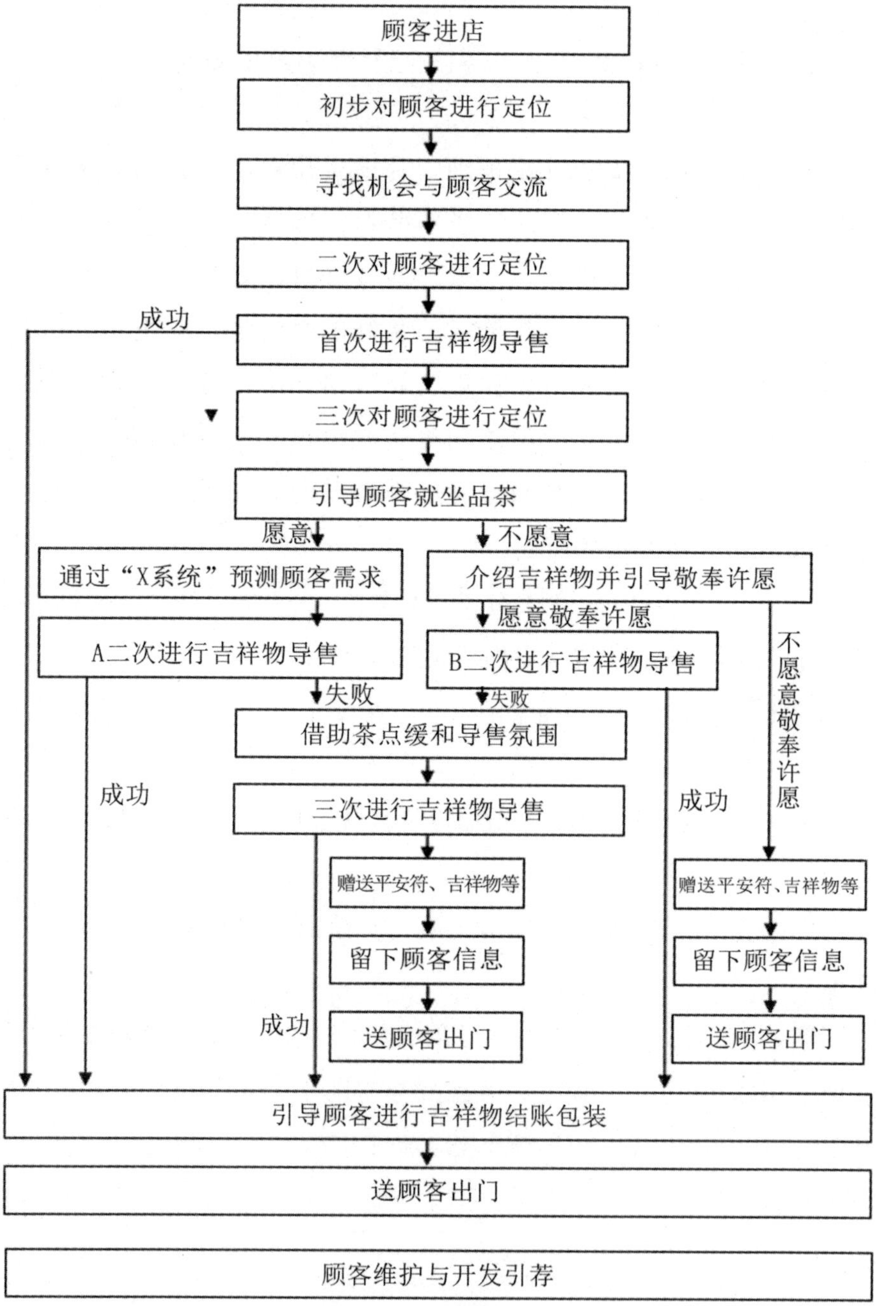

图 3－1　某吉祥物专卖店的消费者走线图

《单店导购服务流程与规范手册》模板，参照表3－17所示。

表3－17　单店导购服务流程规范一览

<table>
<tr><td>手册名称</td><td colspan="3">单店导购服务流程与规范手册</td><td>编号</td><td colspan="2"></td></tr>
<tr><td>编制部门</td><td></td><td>审核部门</td><td colspan="2"></td><td>更新部门</td><td></td></tr>
<tr><td>手册简述</td><td colspan="6">本手册将以店面的盈利模式为基本雏形，以消费者走线为主线，将店面各岗位人员、环境布置、服务流程、话术流程以及店面其他方面的内容串成一体，从而让消费者在潜移默化之中完成消费</td></tr>
<tr><td>编制目的</td><td colspan="6">传承、规范、优化、提升单店在店面导购过程中各个环节的工作与质量</td></tr>
<tr><td>使用说明</td><td colspan="6">授课形式的培训、纸质文件的翻阅参考和必要纸质资料的实际应用</td></tr>
<tr><td>更新说明</td><td colspan="6">主要依据店面的盈利模式设计和实际的店面运营管理模型的变化，进行针对性的更新</td></tr>
<tr><td>更新频率</td><td colspan="6">本手册的调整频率相对较高</td></tr>
<tr><td>适用部门</td><td colspan="6">培训部或业务相关、相似部门</td></tr>
<tr><td>主要内容</td><td colspan="6">《单店导购服务流程与规范手册》在编制过程中至少要包含如下业务内容：
1　单店导购服务准则
1.1　导购服务目的
1.2　导购服务基础
1.3　导购服务态度
1.4　导购服务实用技巧
1.4.1　导购服务开场技巧
1.4.2　导购服务提问技巧
1.4.3　导购服务激发消费技巧
1.4.4　导购服务异议处理技巧
1.4.5　导购服务产品推介技巧
2　单店导购流程走线图
3　单店导购服务流程与规范
3.1　客户进店
3.1.1　游客类客户进店礼仪接待
3.1.2　邀请类客户进店礼仪接待
3.1.3　预约类客户进店礼仪接待
3.2　初步对客户进行定位
3.3　寻找机会与客户交流
3.4　二次对客户进行定位
3.5　首次进行物品导售
3.5.1　通用导售情景模拟
3.5.2　城市工薪型客户导购情景模拟
3.5.3　白领情侣及新婚型客户导购情景模拟</td></tr>
</table>

（续表）

主要内容	3.5.4　沉默型客户导购情景模拟 3.5.5　老顾客型客户导购情景模拟 3.6　三次对客户进行定位 3.7　引导客户就坐尝点心 3.7.1　情景一 3.7.2　情景二 3.7.3　情景三 3.8　二次进行 A 类别产品导售 3.10　介绍道具（单店内特殊装备） 3.11　二次进行 B 类别产品导售 3.12　借助道具缓和导售氛围 3.13　三次进行 C 类别产品导售 3.14　赠送道具（方便携带，且能够让消费者长期保存的物品）等 3.15　留下客户信息 3.16　引导客户进行 C 类别产品结账包装 3.17　送客户出门 3.18　客户维护与开发引荐				
编制要点	在编制该手册时至少要注意如下几点： 1. 以单店的盈利模式为基础进行本手册主体思想的设计 2. 以消费者走线为主线，然后将店面各岗位人员的导购分工、环境布置、道具摆放、服务流程、导购话术等内容串成一体 3. 本手册的框架思路更像是一场设计缜密的消费游戏，而消费者就是这个游戏的玩家，要让消费者在潜移默化之中了解单店产品、服务的优质 4. 本手册是一本纲领性的手册，会将单店在实际经营过程中的许多手册串成一体。在本手册中无须将其他手册的内容引至本手册中，而是直接引用相关手册的名称即可				
执笔人		**审核人**		**审批人**	
参与人					
本稿日期			**修订批次**		

第四步，设计单店的功能区。一般情况下是基于消费者走线图的特点，将单店进行不同功能区的划分，以此为下一步完成空间精细化设计做准备。

第五步，设计功能区主要物件，如设备、家具、货架等。

第六步，细化装修规划清单，具体内容参照表 3 – 18 所示。

表 3 – 18　细化装修清单一览

<table>
<tr><th>序号</th><th>功能区</th><th>主要物件</th><th>次要物件</th><th>用途</th><th>备注说明</th></tr>
<tr><td>1</td><td rowspan="3">前台接待区</td><td rowspan="2">前台桌</td><td>电脑</td><td>办公使用</td><td></td></tr>
<tr><td>2</td><td>特色产品</td><td>精品展示</td><td></td></tr>
<tr><td>3</td><td>形象墙</td><td>LOGO 墙</td><td>凸显品牌形象</td><td></td></tr>
<tr><td>4</td><td>客户洽谈区</td><td>洽谈桌</td><td></td><td></td><td></td></tr>
<tr><td>5</td><td colspan="5">其他方面</td></tr>
</table>

第七步，移交设计师，进行单店 SI 手册整体设计。

看到这里，可能会有人疑惑，上面的第三、四、五、六步骤，不应该是 SI 设计公司来完成吗？笔者在此强调一点，再优秀的设计公司都不如你自己更懂自己的企业，他们擅长的只是将你已经相对成熟的想法通过他们的专业技术帮你优化与呈现出来。因此，上面的步骤内容一旦交由设计公司来完成，你会发现设计公司设计出来的风格、布局总是达不到你想要的效果。其最主要的原因在于两个方面：一是你表达不清楚你真实的需求，二是对方在短时间内不可能非常了解你的项目，从而造成上述尴尬局面的出现。

第四节　要点四：行之有效地配置店内人员

单店经营时的人员问题，一直都是店面经营者最头疼的问题，尤其是当下时代，年轻人心浮气躁，如果没有一个恰到好处的人员机制，单店一直都会处于招聘新人、培训新人、送走新人的循环之中。

对于小型的店面而言，如果想要行之有效地安置店内人员，首先需要确定好店面的经营形态，然后根据店面的经营形态决定人员的安置方式。

何谓小店，笔者将单店面积不超过 60 平方米、经营人员不超过 5 人的店面，定义为小店。因为小店在人员的安置方面，与中大型店面的人员安置有很大区别。举个例子，正常情况下一个管理者最多直接管理 7 人，但是对于绝大多数的店面管理者而言，最多扁平化管理 5 人，再多的人员管理会对店面经营者的管理能力有更高级别的要求。

针对这种小店，笔者基于店面人数、投资者与经营间的关系、投资者直接参与经营管理的人数等方面的信息来分别解读如何行之有效地安置店内人员。

1 人店人员安置思路

在经济内循环的今天，1 人店开始再次兴起，因为这种类型的店面投资额度非常小，风险的可控性也比较稳定，非常适合经济不景气的当下。

一般情况下，1 人店可能是微型独立的水吧店、水果店等，可能是商场中的柜台店，也有可能是大店中的店中店，也可能是路边的摊点店等。

上述店面最适合的经营人员有两种形态：第一种形态是投资者即为经营者，单店的经营收入就可以最大限度地称为投资者的主要收入。另外一种形态即为共生模式，即店面的经营与单店的主要营收直接挂钩、采用业绩分成的模式，是最普遍存在的一种激励机制，但是这种机制并不一定适合当下的市场状态，因为 1 个人在经营店面时，他需要的不仅仅是个人能力，还需要能够忍耐当下的寂寞，没有任何一个人希望自己在长期没有任何伙伴的环境下做事情，因此在给这种类型的经营者设定经营规则时，一定要注意如下方面的内容：

- 单店的营收一定要和经营者的个人营收实现利益共同体
- 形成的利益共同体一定要能够让经营者有一个无上限的努力空间

● 此类型的经营者可以通过自己的努力来改变自己长期驻扎在某一个经营点的机会

● 让能力突出的经营者能够拥有清晰的职业生涯规划

2 人店人员安置思路

由 2 个人共同经营的单店经营业态相对丰富，因此很多行业在进行终端门店的模式设计时，会尽可能地将单店设计成 2 人店，因为 2 人店的投资额度一般都相对较低，而投资额度较低意味着绝大多数的加盟式创业者在创业投资方面没有压力。如果他们恰好认为这个行业符合他们心中所想，或者接近他们心中所想，他们就会相对容易地走进盟主的大家庭。

对于 2 人经营的单店而言，从连锁模式上来说，可以分为直营店、加盟店两种类型，这两种类型也决定了单店的经营人员的结构会有很大不同，直营店的投资者和经营者基本不是同一人群，绝大多数会采用雇佣的方式来解决单店经营人员的问题，但是此种类型的单店在实际经营过程中每个人员都担负着相对重要的岗位，所以，一旦单店中的任何一个人突然离开，就会直接影响单店的正常经营，所以连锁品牌总部一般会设定流动岗，以此来弥补人员突然离职的尴尬局面。如何才能够相对稳定地让单店经营者长期留下，一直都是长期困扰企业的话题，因此笔者建议企业在设计此类型的人员政策时，可以参照如下几方面：

● 2 人经营的单店在培训时，要尽可能让两个人都具备通岗的技能，以避免 1 人的突然性离开，而导致店面不能经营的尴尬局面

● 2 人中一定要有一个是领导者、一个是被领导者。如此才能够实现单店的意见一致性，避免一个小店还出现多头领导的现象

- 2 人的薪资收入，一定要和单店的日常经营业绩有直接关系，而且这个关系最好是以一人为主、一人为辅的方式进行
- 可以让单店的实际经营者在完成相关经营任务后，有机会成为单店的经营合伙人
- 可以让 1 个单店的经营者，成为不断复制更多优秀经营者的培训师，而被复制出来的店长收益也可以设计成与此人利益相关联的关系
- 可以让具备复制单店能力的单店经营者，逐渐成为多店经营者，甚至成为区域型的经营者
- 可以设计出一个让单店的实际经营者成为单店真正主人的机会

对于直营店面的人员设置，可以参照上述内容。对于加盟店的人员设置，相对而言，会简单许多，因为 2 人店中的绝大多数，都是由夫妻店、闺蜜店组成，这种类型的人员组成，稳定度会相对较强，因为他们既是投资者，也是经营者，他们是在为自己的未来奋斗，也不需要做任何方面的激励。

除了上述情况之外，加盟店中的 2 人店还会出现如下两种情况：

- 投资者 1 人直接参与经营，然后雇佣 1 人进行协助经营
- 投资者无法直接参与经营，只能通过雇佣 2 个人来完成经营任务

对于上述两种情况，第二种情况可以直接参照直营连锁店的人员安置思路；对于第一种情况，还需要考虑如下两方面的情况：

- 直接参与经营的投资者，具备独立完成单店核心业务的能力
- 直接参与经营的投资者，不具备独立完成单店核心业务的能力

对于这种情况，笔者不建议投资者投资此类型的项目因为此类型的项目很容易因为经营中途的人员突然流失而夭折，除非单店的投资者可以将招募进来的经营者发展成单店的投资型合伙人，而非分红型合伙人。

3～5人店人员安置思路

当店面经营人数需要3～5人时，单店一般会出现两种人员构成：一种人员构成是投资人召集亲朋好友一起经营；另一种人员构成也是占比最大的方式，即通过社会招募合适的经营人员，来完成相应岗位的工作内容。

无论是哪一种人员构成状态，都不能像2人经营的店面状态，而是需要进行相关岗位的明确设定，否则会因为人员工作安排得不清晰，而导致店面的经营出现人员流失、工作重叠、执行标准不一等一系列问题。

在人员安置方面，先设计出单店的组织架构图，以使单店的层级结构清晰明了。单店可参考的组织架构图，如图3－2所示（以某餐饮店为例）。

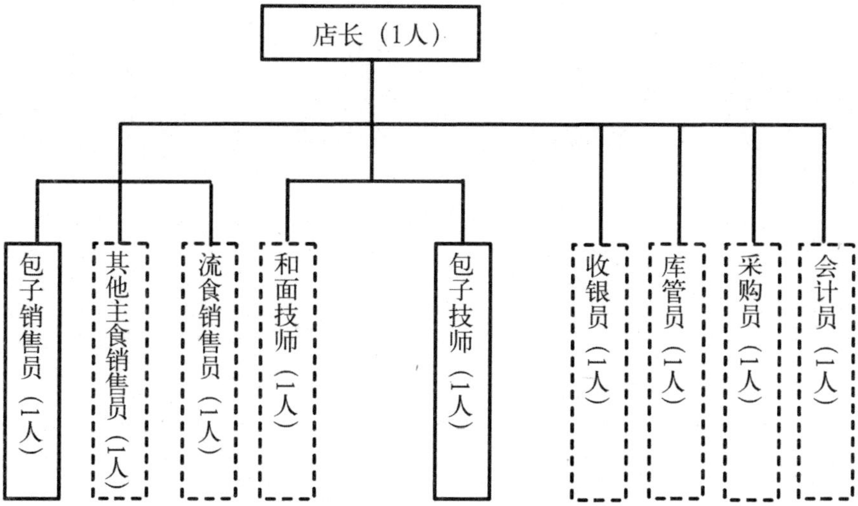

图3－2　某餐饮单店的组织架构示意图

注：● 虚框代表有岗无人，实框代表有岗有人

● 其他主食销售员的工作由包子销售员与流食销售员兼任

● 和面技师由包子销售员兼任

● 收银员、会计员、流食销售员由店长兼任

● 采购员由包子销售员兼任

● 库管员由包子技师兼任

● 和面技师由包子技师兼任（营业前，和面技师由店长兼任）

麻雀虽小，五脏俱全。单店的主要岗位都应该设置明白，因为人员设置可以一人多职、一职多能，但是不能没有相应的岗位，以便后期方便增加相关岗位人员。

针对每一个岗位人员，都要有一个相对明确的岗位说明书。岗位说明书的参考模板如表3－19、表3－20、表3－21所示（以某餐饮店为例）。

表3－19　岗位简介一览表

岗位名称	店长	**所属部门**	单店管理组
岗位定员	1人	**所辖人员**	单店所有人员
工作地点	单店所有区域	**岗位权限**	负责单店运营的各项工作
直接上级	直营经理、加盟商	**直接下级**	前厅主管、后厨主管、收银员、库管员、采购员、清洗员、服务员
岗位级别	店长级	**岗位同级**	各店店长级人员
后备人员	前厅主管、后厨主管	**发展方向**	总部管理层或单店合伙人

表3－20　任职资格一览表

年龄	25岁以上	**性别**	不限
健康状况	有本年度健康证	**自然条件**	品貌端正
学历	中专及以上或同等学历	**语言**	标准普通话

（续表）

专业	餐饮管理专业、营销专业、餐饮或旅游类专业，或持有服务技师证书	能力	具有单店的管理能力，对餐饮工作有较深刻的认知，有良好的市场判断能力和开拓能力，有较强的组织、管理、协调、沟通、计划、培训和执行能力，具有良好的亲和力、凝聚力和较强的感召力、应变力
工作经验	具有2年以上餐饮行业工作和管理经验，熟练掌握单店的各岗位服务技能、标准和流程；对厨房产品有一定的技术经验；对费用管控的实际操作经验丰富	特殊要求	会熟练操作电脑，掌握常用办公软件的应用（Word、Excel、PowerPoint），懂得财会的一般知识
品行	德才兼备、以德为先；品行端正、表里如一；严于律己、宽以待人；踏实肯干、为人诚实；具有良好的团队协作精神，热爱企业、热爱本职工作的敬业精神	修养	个人综合素质强，口才佳，举止文雅、穿着得体、热爱生活、待人和气、开朗大方、正直坦诚，有责任心和较强的服务意识
培训课程	略	培训期限	10天

表3－21 岗位职责一览表

职责项目	职责内容
组织管理	全面负责店铺的日常管理工作，制定店铺工作计划并组织实施，带领好团队。合理调动、安排部门员工的工作岗位，服从公司（加盟商）相关人员的调动安排，配合公司组织、安排的各项经营管理活动，激发员工的积极性，提高员工工作效率

（续表）

职责项目	职责内容
遵章守纪	遵守公司与单店的各项规章制度、工作流程、工作计划，保证店铺正常有序运营。店长在工作中，要严格要求自己、认真管理、言传身教、以身作则、虚心学习，不断提高管理水平，带动属下员工齐心协力将工作做好，并具有积极的团队精神
巡视检查	每日最少巡查店铺各区域卫生 4 次，发现问题及时处理。根据《单店仪容仪表标准与规范手册》，注意自己并检查店员的仪容仪表。根据《前厅服务流程与规范手册》，注意自己并检查店员的服务、操作程序，确保店员的服务质量。每日检查各餐具、工具的卫生，以确保产品、环境卫生
督导落实	每日营业时间时需坚持在一线，进行现场督导店员做好各项工作。检查和指导各岗位员工严格按照服务标准和工艺操作标准执行，保证服务的标准规范、产品制作速度、出品质量等符合规定的要求。发现问题及时解决，并提出工作改进意见和措施
申购验收	每日检查店铺中各种原料的使用情况，发现不足时及时申报购买或配送；对购买或配送到店的原料物品进行仔细检查，确保原料物品的数量、质量与申报购买或配送的相一致
绩效考勤	每日检查员工的工作积极性，产品制作速度、质量，经常对员工进行鼓舞，确保每个员工都尽自己的最大努力去工作。注意自己并检查店员的考勤情况，每月将店员的考勤表上交公司（加盟商）人事部
费用控制	加强财产管理，掌握和控制好物品的使用情况，减少费用开支和物品损耗，严控成本，杜绝浪费
处理投诉	热情待客、态度谦和，常与客人沟通，征询反馈意见，妥善处理客人的投诉，不断提高服务质量
部门协调	注意协调店铺内各部门的配合工作，保证让顾客更快、更好地享受用餐，得到更快、更好的服务
培训考核	定期组织培训员工业务技能，不断学习各项规章制度，增强本店凝聚力和竞争力
	以传、帮、带的形式认真负责地复制本岗位的储备人员，以及本职工作的储备人员，以便为自己的晋级打好基础
召开会议	每日定时召开店铺早会、晚会，在会上传达公司（加盟商）例会的内容，当日预计营收、实际营业额，提醒店员需要注意的问题，确保当日店铺工作的顺利进行

（续表）

职责项目	职责内容
设备维护	学习掌握店铺内各种设备和工具的使用、操作、维护、保养、注意事项。根据使用要求，检查店铺设备的运转状况和用具情况，督导员工正确使用店铺内的各项设备
保障安全	每日检查店铺用电、用火安全，督导店员安全使用各种工具设备，每日检查各部门的收尾工作、安全情况及收尾情况，贯彻落实安检工作
关系职责	负责与店面所在区域的城管、工商（市场监管）、税务、公安、消防（应急管理）等政府部门的关系维护
责任明确	店铺在运作中出现的一切问题，店长要负领导责任和连带责任
审批职责	虚心、认真地听取所辖人员的意见、建议，针对合理化的建议，可自主审批实行。若意见或建议涉及本体系问题时，必须向总部汇报。汇报意见或建议未被审批通过或贯彻实施之前，必须按照之前的要求继续执行
营销职责	根据公司或加盟商的年度经营计划制定本店的每月经营计划，由直营店报运管员，加盟店报加盟商审阅、审批
	负责每月的经营计划制定，并安排前厅主管负责营销计划的具体实施。直营店的营销方案上报总部直营部备案。加盟店的营销方案上报总部督导部备案
	根据不同的节假日，针对性地制定促销计划以及相关政策。直营店的营销方案上报总部直营部备案。加盟店的营销方案上报总部督导部备案
	负责审批、审阅店员提供的合理、可行的营销计划。直营店的营销方案上报总部直营部备案。加盟店的营销方案上报总部督导部备案
其他工作	积极完成公司（加盟商）职能部门的其他工作任务

完成上面所述内容的设计之后，单店的经营依旧需要考虑人员稳定性的问题。如果想解决人员的稳定性问题，仍旧需要从激励政策方面去着手设计，具体的设计思路可以参照 2 人店的设计思路。

第五节　要点五：让自己成为商品成交专家

雕琢产品的心路历程

1. 这个产品市面上没有人干过，我们能行吗

市面上没有人做过这样的产品，不等于我们就不可以去做第一个吃螃蟹的人。第一个吃螃蟹而获得成功的产品比比皆是，我们不需要整天围绕着“可行”与“不可行”去辩论，市场调研的动作固然重要，但这些调研得来的数据、信息只是在完善产品本身、推出产品的时机等方面，提供“仅供参考”的依据，这些依据并不能给你一个百分百的答案。因此，与其猜想千万遍，不如拿到市场上试一遍。

经历过市场的检验之后，你才会真正地知道这个产品对于市场而言，是真需求还是伪需求。但是，在市场检验过程中一定要注意一点，产品卖不出去切忌不要将所有的责任都归咎于产品本身，可能是人的问题、销售场景的问题、价格的问题、推出市场的时机问题等。综合进行市场测试，综合地进行市场结果分析才是关键。

2. 市面上有类似的产品，我们为什么还要开发

类似的产品不等于是符合我们主体理念的产品，再者说，这些产品已经在市面上流通，对于我们的新项目而言，又会有什么特色可言呢！

作为一个项目的创始人，在创造一个项目时，都会将许多的个人元素注入其中，如果你仔细观察那些成功项目的原创型企业家，你会从他的产品中读出他做人、做事的风格特点。

这些风格特点的注入，不只是会体现在产品方面，还会体现在围绕产品展开的所有方面，比如销售场景、服务形式等。这些方面的内容一定会彼此关联、相互交融，形成一个非常融洽的整体，而这种只可意

会、不可言传的连接，可能就是这个项目的“魂”。如此，这个项目才能够算作是一个完整项目，而是不一个东拼西凑、到处打补丁的项目。

3. 市面上有很多产品，直接拿过来卖不就可以了吗

从围观者的角度来看，貌似符合某个项目实际需求的产品有很多，可以直接找寻相应的产品厂家做 OEM（贴牌加工）代工，从而满足该项目对于某些类别产品的需求。事实情况真的是这样吗？笔者在没有自己独立经营实体项目之前，认为这个做法没有任何问题，而且还可以大大地缩短项目的开发周期。可是在笔者实际经营项目的过程中发现，貌似合适的产品其实并不适合本项目。真正在市面上找寻符合项目需求的产品时，你会发现，这就是一个“淘宝”的过程，有可能你需求的产品并不是一个生产厂家给你提供，而是 A、B、C 三家工厂，每家工厂给你提供了你产品的某一类部件，然后经你之手完成拼装，最后才能够满足你的产品需求。

4. 产品设计出来了，直接拿去卖不就行了吗

每一个产品都应该有它相应的售卖场景，如果产品只是在功能上满足了市场需求，笔者认为这个产品仍旧处于“半成品”状态，因此，如若你执意将产品推向市场，那么，急于推向市场的结果一定会让你后悔的。

这样的“半成品”，还需要在如下几个方面进行完善：

● 产品的价格。包括成本价、批发价、零售价、促销政策等

● 产品的介绍。这个介绍至少要满足这三类人的需求，即消费者、售卖者、批发者。具体来说，即消费者购买这个产品可以解决他什么类型的痛点，痛点一个即可，多了并无过多益处；售卖者如何将这个产品的亮点清晰明了地介绍给消费者，并能打动对方；批发者为什么要去售卖这个产品，这个产品的售卖能够给他带来什么类型的价值

● 产品的上市时间。每一个产品都有“偏好”的时间，只有在这

个时间推出这个产品，才能最大限度地实现产品的价值

- 产品的售卖场景。即这个产品在推向市场时，应该处于一个什么样的位置。这个位置取决于这个产品在整个项目中扮演的角色，比如引流产品、维系产品、盈利产品。角色决定位置，位置决定它的陈列方式

- 产品的服务方式。无论该产品是零售型的产品，还是服务型的产品，其实都离不开“人”这个元素对于这个产品的影响，所以产品在推向市场时就应该想好，这个类型的产品需要人提供什么类型的“服务”

除上面所述内容外，还会因为你的产品的属性特点不同，而需要辅助完成其他方面的工作。

5. 产品还没有完美，要不等等再售卖

每个产品都会有阶段性的完成周期和价值周期，姑且把这个产品定义成“产品 1.0 版”，作为产品经理，我们需要有无限追求产品完美的理念，但我们同时也需要把握好产品的阶段性定型，基于阶段性的定型，我们就需要考虑首次将产品推向市场时的事宜。

推向市场后，你一定会发现自己的产品有这样或者那样的问题，而这些来源于一线的问题都是你完善产品的角度，而这些角度的完善会促使产品更接近市场的真实需求。

如果等一等再推向市场，你失去的可能是市场的最佳时机，也可能永远摸不清楚下一步要完善的方向。

6. 设计的产品是否需要考虑标准化问题

笔者的观点是，任何类型的产品都需要考虑标准化问题。如果某个产品只适合在特定的场合，由特定的人员来完成交付工作，那么这个产品只适合小众市场，并不适合大众市场。

对于开展加盟连锁的企业而言，所有的产品都需要进行可复制性的标准化，否则无法开展加盟连锁的项目运营活动。对于产品的标准化程

度，可以分为如下几种情况，如表 3－22 所示。

表 3－22　产品标准化的类型

序号	标准化类型	内容简述
1	完全成品整体型	产品不需要终端门店进行额外加工，可以直接完成对客户的交付，比如零售型门店的商品
2	完全成品组合型	最终形态的产品都是标准件，但是在最终向客户进行产品交付时，需要进行组合后再交付，比如汽车、部分餐品类
3	人工＋半成品型	产品不能直接交付给客户，需要人工额外进行加工后才能够完成交付工作，比如包子、油条、米线等
4	人工标准操作型	通过规范化的操作流程来完成服务目标，多数用于服务行业，比如美容业、足疗业、汽车维修业、中式正餐业等
5	人工＋设备＋原料	设备可以完成产品的部分或者全部的加工工序，但是需要人工按照规范化的操作流程才能够实现，比如快修快保业的四轮定位、餐饮行业的机器人炒菜等
6	设备＋原料＋说明书	通过标准化的设备和相匹配的原料，客户可以自己通过说明书内提示的标准化操作，来完成 DIY（自己动手制作）产品
7	总部人工＋单店人工＋其他	对于一些相对复杂的产品，单店的人工能够完成部分内容的交付，这个时候再进行产品标准化时，可以通过总部人员远程协助单店人员的方式来完成最终产品形态的交付，比如儿童远程教育

上述是笔者总结的产品标准化主要类型，加盟连锁的总部可以参照上述的产品标准化思路，制定出符合自身情况的产品标准化的模式。

360 度掌握产品信息

对于单店的经营者而言，没有卖不出去的产品，只有不会卖产品的经营者。之所以卖不出去产品，其中的一个重要原因就是经营者不懂得产品。之所以说经营者不懂产品，是因为经营者没有真正地了解这个产品的周围要素。

所谓周围要素，主要包括这个产品所处的行业情况信息、产品的企业方信息，以及与产品本身相关联的配套服务、设备、技术、工具、售后服务等方面的信息。

笔者如此描述，不是将产品售卖环节故意夸大，而是因为产品产生的本质源于消费者的需求，正因为消费者的需求，才会让这个产品市场有存在的可能性。如果想将一个产品卖得好，就一定要从各个方面向消费者进行商品的介绍。此时的介绍绝对不是你掌握了这个产品的多少信息就给消费者介绍多少信息，这样不但不利于产品的成交，可能还会因为你的介绍信息过于啰嗦而吓跑消费者。正确的介绍方式是，消费者对产品哪些方面的信息最感兴趣，你就着重介绍产品的哪些方面的信息，如此一来，你才能够真正地将产品卖好。

掌握行业的信息时，你至少需要了解如下几个方面的内容（如表3－23所示）。

表3－23　掌握产品行业信息的主要内容构成

序号	行业信息
1	行业起源故事
2	行业发展的主要历程
3	行业发展现状
4	行业内主要竞争对手的相关信息
5	国家政策对于行业的影响情况
6	国家法律法规对行业的约束主要有哪些方面

除了需要掌握行业的信息之外，还需要更多地掌握产品生产企业方面的信息，因为企业的很多信息都可能会成为客户成交的可能性。对于企业方面的信息，你至少需要了解如下几个方面的内容（如表3－24所示）。

表 3－24 掌握产品生产企业信息的主要内容

序号	企业信息
1	创始人及部分高管的创业经历与故事
2	企业介绍类信息
3	企业资质、资历、专利、荣誉等方面的信息
4	企业理念与企业文化类信息
5	企业在技术、工艺、服务等方面的竞争力

对于行业的信息、企业的信息了解完毕之后，接下来则需要详细地了解产品的信息。产品的信息会因为行业不同，涉及的范围比较广泛，但是万变不离其宗，你仅需要坚守一个原则即可，即不要让客户因为产品问题，而让你回答不出。

下面以榴莲行业为例，讲述从产品信息角度如何回答顾客的问题（如表 3－25 所示）。

表 3－25 以榴莲为例来分析应如何回答顾客的产品问题

序号	客户问题	回答要点
1	冷冻的榴莲是不是不新鲜	我们采用液氮冷冻技术对榴莲进行保鲜处理，只是为了让你在中国能够吃到原产地的味道
2	你们的价格为什么比超市中的榴莲贵两倍	我们只做自然成熟的榴莲，而不做药物催熟催甜的榴莲。我们敢给每一颗榴莲做售后服务，而超市或许不敢做这方面的承诺
3	你家榴莲为什么都不开口，是不是不熟	榴莲的成熟度与是否开口没有关系。市面上的榴莲开口，是因为采用药物催甜榴莲的过程中导致榴莲果皮丢失水分而裂开，而裂开的榴莲最容易滋生对人体有害的细菌和昆虫。而在我们家，你只需要选择你喜欢的榴莲品种，而不需要担心成熟度问题，因为个个都保熟
4	不好吃的榴莲是不是都是国产榴莲	中国不产榴莲，不好吃的榴莲依旧来自国外，不好吃的主要原因是不熟

紧接着，针对顾客的问题，再展示一个具体榴莲品种的介绍资料，如图 3－3 所示。

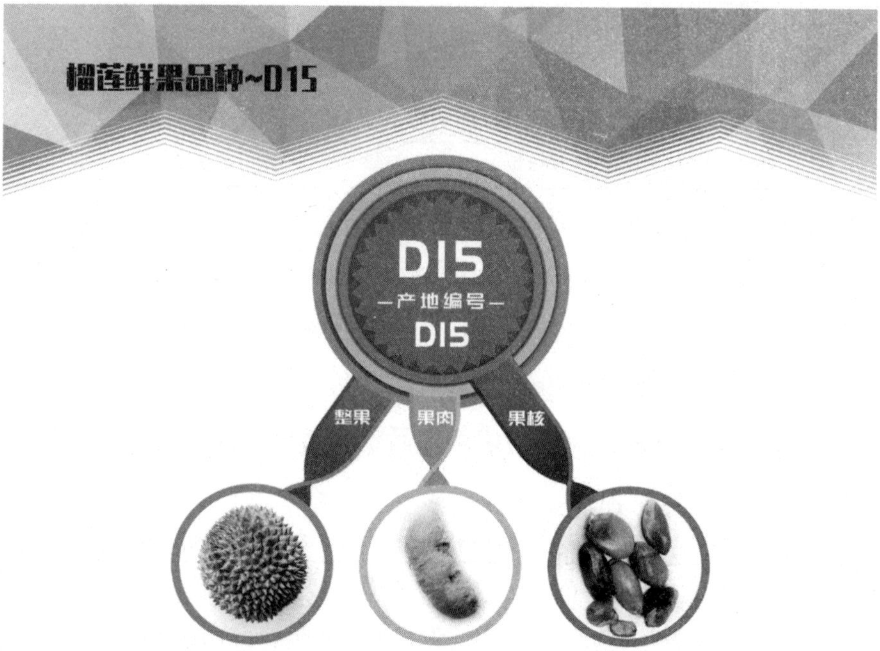

名称由来	D15榴莲。源于马来西亚的榴莲品种众多，所以相当部分的榴莲并没有独立的名称，都采用马来西亚农业部认证的数字编号来称作这个品种的名称，故而得名。
产　　地	主要产自马来西亚及泰国南部
果肉口感	气味浓郁，甜度适中，略带苦涩，回味持久
果壳特点	果实较大，呈橄榄球状，棕色果皮，刺粗壮且不尖锐
果肉颜色	鲜黄色
果肉纤维	纤维含量少
主要产季	7—8月份
一般出肉率	25%～38%
适宜人群	中级榴莲控

图 3－3　某榴莲品种的营销资料介绍示例图

通过上面的简单介绍，你会发现，想介绍好一个产品，你需要尽可能多地了解产品各个方面的信息，比如上面的问题就涉及了产品的产地问题、保鲜技术问题、价格问题、质量问题、产品竞争力问题、产品属性问题、产品的售后问题等方面的内容。

总而言之，如果你想卖好产品，你首先需要成为产品专家。

七步法与客户成交的方法体系

对于不同的行业，不同特点的产品而言，与客户成交的方式形形色色，但无论是哪一种成交逻辑，都可以参照笔者所述的七步法与客户成交的方法体系，因为这个体系中所涉及的模块，可能一部分工作已经由加盟总部完成，另外一部分由门店完成。

比如零售型的便利店，同一个品牌的便利店开在不同的商圈环境中，需要进行的品类组合不尽相同。之所以这样做的原因在于，不同商圈内的消费者，在消费能力、消费偏好、消费方式等方面都会有所不同。在品类新组合的过程中，其实就已经完成了了解客户、分类客户等环节内容。

又比如美容院在招揽客户进店时，一般会采用主动出击式的方法去接触客户，然后再根据客户的衣着、配饰、谈吐等方面的信息，对客户进行基础消费能力方面的整理与判断。

再比如餐饮行业，客户一般都会主动走进门店，而首次接触客户时的状态尤为重要，然后通过一两个简单的问题，判断出客户的人数、是否预订等方面的信息。

在此，笔者系统地阐述“七步法与客户成交的方法体系”，以此来帮助不同类型的店面完成单店的业务成交环节。

1. 接触客户

许多门店，门可罗雀，可能一天都没有接触客户的机会。对于这种情况，笔者建议单店经营者重新审视下“接触客户”的概念。

笔者定义的接触客户，绝对不是让单店经营者被动地在单店内等待客户的到来，而是通过多维度的方式去接触客户。

在定义“接触客户”这个概念之前，单店的经营者需要思考，谁才是你的客户？你的客户都具备什么类型的属性？他们主要分布在哪些地方？通过什么样的渠道可以与他们建立连接？

下面“以手机个性化定制产品”为例，笔者着重分析下如何完成客户接触环节（如表3－26所示）。

表3－26　与客户接触前的思路提示

序号	思考方向	简要说明
1	谁才是你的客户	之所以会有手机个性化定制的需求，年龄大的人群一般不会有这方面的需求，主要是年轻一族才会多频次地拥有这方面的需求，因此，我们可以相对容易地找到客户是谁
2	你的客户都具备什么类型的属性	定制化追求的方向是与众不同，与众不同可以从两个方面去思考：第一个方面是追求个人个性的彰显，另一个方面是指一个团体单位追求的个性化标识的展示
3	他们主要分布在哪些地方	第一类人群，如果你在网络上找他们，他们可能在小红书、抖音、快手、哔哩哔哩等类流行软件中。如果你在线下找他们，他们可能在步行街、小吃街等年轻人扎堆的场所。第二类群体主要潜伏在网络之中
4	通过什么样的渠道可以与他们建立连接	你可以在目标客户群扎推的地方，开设一个实体店，也可以在目标客户群体喜欢的媒介平台中注册账号，然后进行相关信息的投放

通过上面的几个步骤，单店的经营者基本上就可以找到你的客户群体。跟他们接触时会出现两种接触场景：一个是线上接触场景，一

个是线下接触场景。针对线上接触场景，你要秉承交友的心态去和对方进行接触；而线下的接触场景则需要根据企业的实际情况，有针对性的设计接触时所需要的称谓、服装、道具、礼貌用语、社交姿势等方面的内容。

2. 判断客户

对于单店的经营者而言，如果不能够快速、正确地判断客户的属性，就很难高效地完成客户的成交环节。对于客户的判断，一般需要进行如下几个方面的判断，如表3－27所示内容。

表3－27　快速地判断客户属性的提示

序号	判断方向	判断依据
1	新老客户判断	通过经营者的过往记忆；判断性话术，如“（哥）姐！您又来了”；对方对店面的熟悉程度等方面的内容
2	消费能力判断	客户的衣着、配置、住处、交通工具、言谈举止等方面的内容
3	消费偏好判断	通过差别较大的两类产品作区分，比如“（哥）姐，你是喜欢吃味道浓郁些的榴莲，还是喜欢吃口味偏甜一些的榴莲呢”
4	潜在消费频次判断	居住在店面周围的群体，消费频次相对会高一些；如果只是路过、出差，潜在消费频次也就会低很多

表3－27所述的判断客户的思路方向，仅用于对客户的初级判断，如果能够跟客户建立更深层次的链接，则可以更加准确地对客户进行判断。尽管上述内容为初级判断，但是对于绝大多数的快消品行业而言，依旧非常实用。

3. 链接客户

笔者认为，每一个走进店面的人群，都有可能会成为你的客户，所以，笔者一贯的做法是跟每一个进店客户建立起链接关系。当下最主流的链接方式是微信，或许日后可能会出现其他的链接方式，但是我们需要先学会微信的链接方式，因为新推出的任何链接方式都会在现有的链接方式基础上进行升级和优化。尤为重要的一点是，不断变化的是链接载体，而始终不变的是营销逻辑。

迅速链接客户的思考角度，如表 3－28 所示。

表 3－28　快速地与客户建立起链接关系的思路

序号	思考角度	思路解读
1	让利思维	如果客户进店消费需要折扣，那么添加微信转发朋友圈就可以享受相关的折扣，从而建立经营者与客户间的链接关系
2	赠送思维	客户只需要添加门店的客服微信，就可以获得门店特意推出的赠品，从而建立经营者与客户间的链接关系
3	售后思维	邀请来店的消费者添加店长微信，并提醒对方关于购买的产品、服务如果遇到任何问题，都可以通过这个微信直接和店长联系，店长也会第一时间给予处理，从而建立经营者与客户间的链接关系
4	活动思维	比如门店经常会通过店面的客户微信群对外传播，可以添加店面的微信群，留意店面的朋友圈，就可以收获惊喜，从而建立经营者与客户间的链接关系
5	预订思维	如果客户觉得店面的产品、服务符合需要，可以通过店面的微信公众号，直接预订、下单，从而让需要在第一时间得到满足，从而建立经营者与客户间的链接关系
6	其他思维	不同的行业会有不同的侧重点，笔者建议经营者找到本项目、本产品的特殊属性，然后再结合特点，为消费者创造一个必须要添加微信公众号的理由，如此即可建立起经营者与客户间的链接关系

3. 了解客户

但凡从事过经营类工作的群体，都会有一个共同的认知，即你对客户越了解，你和他之间的黏性就有可能更强，黏性的背后其实就是客户对经营者的信任，这个信任实际上是客户产生持续性消费的基础。

因此，单店的经营者要学会多维度地去了解你的客户信息，以此来为后续的成交打下基础。了解客户的主要渠道如表 3－29 所示。

表 3－29　了解客户的主要渠道一览

序号	了解渠道	渠道解读
1	外表观察	通过观察消费者的外表，除了可以获取客户的消费能力信息之外，还可以通过客户的衣着打扮来判断客户的性格特点、年龄区间等多方面的信息
2	行为观察	通过观察消费者的言谈举止，可以判断这个消费者的综合素质、职业特点、人脉圈层等方面的内容
3	聊天获取	诣如哪里人、住哪里、结婚否、几个孩子等方面的信息，都可以在日常服务的过程中，潜移默化地进行搜集
4	朋友圈观察	观察其发布朋友圈内容的频次、内容等方面的信息，以判断消费者的生活、工作特点，以此来增加线上、线下的谈资内容，与此同时，获取客户更多的信息内容
5	消费数据分析	根据客户每次的消费项目、价格、频次等属性特点，精准分析出消费者的消费趋势
6	其他渠道	不同行业会有不同的侧重点，笔者建议经营者找到本项目、本产品的消费者需要被了解的属性特点，然后针对这些属性特点，有针对性地设计、寻找出相关的渠道，以此来满足经营者进一步了解客户的需要

4. 分类客户

不同类型的客户群体，他们之间会有不同的消费特点，作为一个合格的经营者，必须要将这些客户群体进行分类，然后有针对性地进行客户服务。20% 的客户创造出 80% 的利润适用于绝大多数的行业。

对客户进行分类，可以通过至少两个渠道进行开展：一个是基于微信客户端进行客户的分类。参见表 3－30 所示。

表 3－30　某教育培训机构客户部分分类标签

标签总类	标签分类	应用解读
客户级别	A 类客户	来店一次的客户
	B 类客户	会员客户
	C 类客户	报名课程客户
	D 类客户	主动转介绍的客户
宝宝性别	男	男性宝宝
	女	女性宝宝
宝宝年龄	0～1 岁	孩子的年龄段，以便有针对性地推荐相关产品
	1～3 岁	孩子的年龄段，以便有针对性地推荐相关产品
	3～6 岁	孩子的年龄段，以便有针对性地推荐相关产品
	6 岁以上	孩子的年龄段，以便有针对性地推荐相关产品
消费能力	高	作为导购依据
	一般	作为导购依据
住址标签	楼号	妈妈来自 XX 小区几号楼
	小区名称	关注微信公众号的宝妈群体不一定全是某小区成员

另外一个分类渠道则是基于门店的收银管理系统。现在绝大多的收银管理系统都具备了相对完善的客户关系管理模块，在这些模块中，你可以在电脑上、手机上完成对客户各类型标签属性的备注。

无论是上文所述的哪一种分类渠道，目的只有一个，那就是让单店的经营者可以通过这些分类后建立的标签，迅速地回忆起客户过往的消费情况，或者能够实现更有针对性地给客户进行产品、服务的推介，以此让客户感觉到门店经营者对于他的重视，从而进一步增加客户跟门店经营者之间的关系。

除此之外，客户分类后，也更加方便单店的经营者更有针对性地给客户提供相应的服务，比如某次活动仅给情侣提供服务、仅给男性提供服务、仅给女性提供服务等。

5. 维系客户

对于门店的经营者而言，客户的维系一直都是一个永不落幕的话题，只不过新的时代会产生新的维系方式。

对于社交店商模式下的单店而言，客户的维系工作可以很高效地进行，具体的客户维系思路如表3－31所示。

表3－31　客户关系维护的思路类型

序号	类别	维系思路
1	常规型	要给不同类型的客户指定不同的维系频次，比如微信上面的星标客户，至少要保证每周跟对方互动一次；其他类型的客户，至少要在一个月之内主动跟对方互动一次；每天在朋友圈内出现的客户，至少要点赞一次
2	私聊型	对于重点客户的维系，切忌直接微信里发信息进行维系，而是应该先打开对方的朋友圈，关注其最近的动态，然后在其最新发布的朋友圈中进行疑问式的评论，最后再通过评论的回复内容切入到聊天框中与对方进行交流，以此达到与客户维系高质量关系的效果
3	群发型	微信朋友圈的内容发布频繁后，难免会有些老客户选择主动屏蔽你的朋友圈，但是他们依旧有购买的需求。对于这样的客户群体，店面经营者需要通过大力度的促销活动配合着微信群发的方式进行激活式关系维护
4	会面型	线上的维系与线下的维系要实现话题的互通，如此能够加速客户与店面经营者之间的信任度建立
5	礼物型	可以设计一些具备长期留存价值和品牌识别性的小礼物，以此在潜移默化中提升客户对品牌记忆的强度，从而达到维系客户的最佳效果
6	活动型	有计划、有节奏地举办各类型的店面活动，让线上的客户来到线下，让微信中的沟通转化成面对面的交流，以此来实现维系客户的目的

（续表）

序号	类别	维系思路
7	赠品型	对于一些重点的客户群体，店面的经营者可以将客户需要、但是对于门店来讲已经成为滞销品的商品转赠给他们，以此来实现客户维系的目的

7. 成交客户

当你做足了上面六步的准备工作后，你会发现成交客户其实就是一件水到渠成的事情。但是，尽管如此，笔者还需要从如下几个方面给单店经营者分享一些成交的心得体会（如表 3－32 所示）。

表 3－32　有关与客户成交的心得体会

序号	成交心得	内容简述
1	准备工作	在有机会成交一个或一类客户群体时，一定要再次对这些客户群体的特点进行复习，然后有针对性地制定适合他们的活动、政策，然后再创造成交的环境，这些工作都是笔者定义的成交准备工作
2	学会讲故事	请记住，喜欢听故事的不只有小朋友，成年人的世界里也喜欢听故事，只不过他们更喜欢听贴合他们自身的故事。如果单店的经营者能够将客户的真实情况反馈，用生动的故事讲给客户听，尤其是讲给女性客户听，成交率会很高
3	学会关联成交	对于单店的经营者而言，你可以有选择性地批量成交客户。在这个批量成交客户中，最重要的一点是“批量”，批量客户建立在同类型消费属性特点的基础上。对于批量性成交这类客户来说，你身边的人和有同样需求的人都在消费这类产品、服务，而且购买者的反馈都还不错，最重要的是享受优惠政策的产品和服务的剩余数量一直在减少，如此一来，就可以将客户的成交率提升

第六节　要点六：设计单店经营所需的活动

明确单店活动设计方向

对于很多门店而言，一般会有几个代表性的发展阶段，针对这些发展阶段，我们需要精准地挖掘出该阶段出现的主要问题，然后再去解决其他关联性的问题。如果只是去解决门店经营过程中的关联性问题，会让单店陷入尴尬的救火状态，如此一来，门店距离关门也就不远了。笔者将正常经营下的单店分为如下几个经营阶段，如表 3－33 所示。

表 3－33　单店代表性经营阶段一览表

序号	经营阶段	阶段特点	营销侧重点
1	新店开业阶段	笔者将开业的选址期、装修期以及开业后的 3 个月内，都定义为新店开业阶段	100% 新客户
2	经营爬坡阶段	笔者将开业 3 个月后，单店出现客户增速降缓，但单店业绩仍处于上升期的这个阶段定义为经营爬坡阶段	50% 新客户 50% 老客户
3	经营峰值阶段	笔者将单店业绩相对平稳地处于一个数值期间的阶段定义为经营峰值阶段	30% 新客户 70% 老客户
4	经营疲劳阶段	笔者将单店达到业绩峰值点后，业绩在经营者的各种策略影响下依旧无明显变化的阶段定义为经营疲劳阶段	70% 新客户 30% 老客户
5	经营衰败阶段	笔者将单店业绩开始持续下滑的阶段定义为经营衰败阶段	80% 新客户 20% 老客户

在面对不同发展阶段的单店时，我们需要有针对性地设计出与单店的发展阶段相匹配的活动策略，如此才能够达到事半功倍的效果。

对于单店而言，在进行活动设计时，还需要明确这次活动的精准目标，然后针对精准目标进行活动的设计，如此才能够让活动产生其应有的价值。笔者依据消费者与门店的关系，将客户属性分为如下几个阶段，如表 3 – 34 所示。

表 3 – 34　消费者与门店的关系一览表

序号	阶段名称	阶段特点	重点解决问题
1	潜伏阶段	即使单店的消费者定位再清楚，在茫茫人海中能精准定位潜在客户群体，判断出谁会陆续成为门店的客户群体，这个问题谁都不清楚，笔者将这个阶段定义为客户潜伏阶段	重点解决信息传播问题
2	相逢阶段	潜在的客户群体通过门店的经营方式走进了门店，这部分客户群体不一定会直接产生消费行为，有些客户可能需要培育一段时间才可能会产生消费行为，笔者将这个阶段定义为相逢阶段	重点解决客户进店问题
3	种子阶段	客户走进门店后，门店经营者通过经营方式，让进店的客户与门店产生链接，以便让经营者能够通过社交媒介持续性地影响消费者，笔者将这个阶段定义为种子阶段	重点解决客户成交与链接问题
4	生根阶段	客户进店之后，完成了第一笔的消费，且达到了对方的消费期望值，笔者将这个阶段定义为生根阶段	重点解决客户满意度问题
5	发芽阶段	客户与单店经营者可以实现线上、线下的互动，笔者将这个阶段定义为发芽阶段	重点解决客户互动性问题
6	开花阶段	客户来店完成多笔消费，且都能够达到“堆肥”般的消费期望值，笔者将这个阶段定义为开花阶段	重点解决客户多频次消费问题
7	结果阶段	客户不但经常来店进行消费，而且会推荐身边的亲朋好友一起来店消费，笔者将这个阶段定义为结果阶段	重点解决客户裂变问题

在实际的应用过程中，我们需要将上述表3－33、表3－34融合在一起使用，如表3－35所示。

表3－35　单店营销活动设计坐标图（表）

结果阶段			B		
开花阶段					
发芽阶段					D
生根阶段					
种子阶段		A			
相逢阶段			C		
潜伏阶段					
开业阶段	爬坡阶段	峰值阶段	疲劳阶段	衰败阶段	

基于表3－35所示的单店营销活动设计坐标图（表）中出现的A、B、C、D四类情况，笔者以此四类情况简述下实际的应用场景，如表3－36所示。

表3－36　不同阶段的活动设计思路提示

序号	情况	活动设计思路方向
1	门店经营至爬坡阶段，需要大量挖掘处于种子阶段的客户	爬坡阶段的门店会有一定的老客户基础，同时也会有新客户进店。单店可以组织诸如推荐一名新客户，减免××元，推荐越多，减免越多这类的活动
2	门店经营至峰值阶段，需要大量挖掘处于结果阶段的客户	峰值阶段的门店会有许多忠实老客户，单店组织的活动，一方面可以回馈这些老客户，还可以借助这些老客户对于门店的信任而帮助门店裂变出更多的精准客户群体。比如赠送老客户10张会员卡，每张会员卡内包含100元代金券，每张会员卡仅限一人使用，一人不能叠加使用会员卡，且此卡仅发放给在门店累积消费在2000元以上的会员。如此一来，既回馈了老客户，又借助老客户之手影响更多有这方面需要的人群成为门店的新客户

（续表）

序号	情况	活动设计思路方向
3	门店经营至疲劳阶段，需要大量挖掘处于相逢阶段的客户	这个阶段的门店有一定的客户存量，当然客户的疲惫期也开始产生，因此在活动设计时一定要不同于以往的形式。挖掘相逢阶段的客户可以借助过往的客户资源展开，比如老带新、免一单等活动，即只要是曾经来到本店消费过的客户，本次只需要邀请1个非本店的客户进店消费，就可以免除其中1人的全部费用
4	门店经营至衰败阶段，需要大量挖掘处于发芽阶段的客户	经营至这个阶段的门店，一般都有大量的客户群体储备，这个阶段首先需要做的就是梳理出来店消费一次后再无进店记录的客户群体，然后针对这个客户群体设计营销活动。发芽阶段的客户需要的是被关注，任何形式的消费都需要建立在不断提醒的基础之上。比如单店可以举办类似“你送祝福，我送红包”的活动，然后私信给每一个梳理出来的客户，请他们给自己一个周年庆祝福，然后门店赠送100元现金券，来店消费即可激活使用

制定单店活动执行方案

单店在明确了经营活动的方向之后，接下来就可以开始制定详细的活动方案。活动方案包含的内容会因为不同的行业特点及活动形式而略有不同，但是每一个活动的主体框架一般都相同。针对主体框架，笔者结合自身对活动方案制定的理解，整理了一份活动方案制定时的参照表，详细内容如表3－37所示。

表3－37　活动方案制定参照表

序号	方案类目	简要说明
1	确定活动方向	基于上文阐述的内容，确定好本次单店活动设计的主题方向

（续表）

序号	方案类目	简要说明
2	受众群体	你的所有客户不一定都适合本次活动，有选择性地营销客户群中的一部分，反而能够起到事半功倍的效果
3	活动主题	活动的主题鲜明，能够紧扣受众群体的心声
4	活动时间	活动时间的设计需要基于两个方面去考虑，然后再定夺，第一个方面是本次举办的活动是否能够与传统的节假日以及其他特殊日子相关联；第二个方面是本次活动主要要影响的那批客户群体在这个时间点是否会有充足的时间来参与。这两个时间点的交合处，即可作为本店的活动时间区间
5	活动地点	针对当下的时代特点，切忌将活动的地点只定位为物理范围内，还可以是空间范围内。通俗一点来说，即门店举办的活动可以在线下，也可以在线上
6	活动人数	尽可能有数量上的限制，否则受众群体不会有紧迫感
7	活动介绍	描述活动的内容一定要主题鲜明、用词准确、言语精炼
8	活动规则	活动规则一定要制定得简单明了，避免复杂的活动让客户看不懂，避免客户看了活动内容后产生误解。一定要加上一条“本活动的最终解释权归 XX 店所有”
9	活动流程	活动的流程一般要分为两个版本，一个版本给客户看，一个版本给内部人员看。无论是哪一个流程，都需要清晰明了
10	财务预算	在完成活动方案的设计之后，要第一时间测算出活动预算，以避免本活动的开支远超过预算

（续表）

序号	方案类目	简要说明
11	物料准备	在完成活动方案预算测算之后，要第一时间整理出本活动所需要的物料清单，然后根据物料清单去采购、设计、制作活动中所需要的物料。要盯紧每一件物料到位的具体时间，以避免发生活动开始时，物料却不能够到位的尴尬局面

注：表3－37所示内容，即为活动方案制定时的主要内容。

针对上述方案制定的活动思路，笔者以X榴莲品牌的其中一场活动为例，对这个活动方案制定的主体思路做番思考解析，详细内容如表3－38所示。

表3－38 活动方案解析

序号	方案类目	活动细则	思考解析
1	确定活动方向	基于门店现有高端客户群体，挖掘出更多高消费群体	挖掘出更多的高端消费群体，可以让门店的业绩迅速提升
2	受众群体	榴莲高消费群体	目标明确
3	活动主题	榴莲盛宴	主题有吸引力
4	活动时间	5月1日开始，为期1个月时间	这个时间点能够满足绝大多数的客户群体
5	活动地点	门店详细地址	地址清晰即可
6	活动人数	仅限121个名额	饥饿营销。在后期的营销过程中，还可以采用数量倒计时的方式促使犹豫的人群迅速下单
7	活动介绍	● 每一个榴莲控，都有一个榴莲梦 ● 想把榴莲当饭吃 ● 今天我来帮你圆了这个梦 ● 仅需268元，13个品种的榴莲 ● 你可以吃到扶着墙出去为止	充分挖掘出榴莲控的梦想，然后通过诱人的价格数字和品种数量，让客户心动难忍

（续表）

序号	方案类目	活动细则	思考解析
8	活动规则	● 不接受1个人下单 ● 转发指定的“文字＋图片”兑换名额 ● 提前至少1天预约到店时间	不接受1人下单，即可通过1人自行组团来实现客户的第一维度的裂变；活动规则简单，让客户一看就明白了如何操作，也不会产生误解
9	活动流程	到店就餐，吃饱结束	服务方式简单，不需要花费太多的人工进行环境布置或者是额外的服务
10	财务预算	主要核算产品成本	实际测算之后还可以让门店获得不错的营收
11	物料准备	● 设计朋友圈宣传图片 ● 包裹一束榴莲花束 ● 准备好盛放榴莲的寿司盘 ● 准备好标示不同品种榴莲的小旗子 ● 准备好盛放榴莲核的盘子 ● 准备好给客人提供的榴莲	来店消费的群体，看到满满一桌子的榴莲，榴莲的品种、颜色各不相同，每一个品种上面还插上了带有品种名称的小旗子。这个场景特别像插满蜡烛的生日蛋糕宴，每一个参与者都情不自禁地拍照留念。除此之外，满满一盘子的榴莲果核，也能够促使榴莲控的拍照欲。满足之后的榴莲控还会手捧榴莲花束拍照合影。整个环节让客户自发性地拍照发圈

总之，单店的活动形式千变万化，没有定式。但是，活动的目的几乎一致。作为单店的经营者，一定要牢记一句话，“没有最好的活动，只有更适合本店当下需求的活动”。

第七节　要点七：适合的会员体系才是最好的

明确会员营销目标

几乎每一个门店都有自己的会员卡，几乎每一个单店收银系统都有会员管理系统，但是这些会员卡、会员管理系统真的适合你的单店吗？这些会员卡的存在真的能够改变单店的经营状态吗？

不一定，比如市面上经常会出现的会员卡办卡现状，如表 3 – 39 所示。

表 3 – 39　会员卡易出现问题一览

序号	会员卡办卡现状与间距
1	今天办理了 100 元的储值卡，10 分钟后储值卡消费完毕
2	有消费意愿的客户办理了会员卡，让本应盈利 100 元的产品，成为了促销折扣型的产品
3	会员卡的基本权益介绍得模棱两可，导致会员与门店经营者之间经常打口水仗
4	会员的历史消费数据模糊，导致会员怀疑门店恶意扣费，而门店经营者却倍感委屈
5	推荐会员卡比推荐客户来店消费还难
6	办理了会员卡的客户，直到门店转店时也没来几次
7	会员退卡成为考验店长谈判能力、数学能力等综合能力的时刻

类似表 3 – 39 中所述的问题，很多门店都遇到过，基于这个问题，我们需要思考，门店办理会员卡的终极目的是什么？

基于门店办卡的诸多目的，笔者思考后总结出如下内容，如表 3 – 40 所示。

表 3－40　门店办理会员卡的目的一览

序号	办理会员卡的目的	问题解读
1	解决客户长期活跃于门店的问题	一般情况下，客户在门店办理了一张会员卡，并且在卡中存储了一定金额的费用，消费者会心心念念于这个店面。当再次有这方面的消费需求时，客户会第一时间选择来这个门店进行二次消费
2	解决门店快速回笼资金的问题	在符合《单用途商业预付卡管理办法（试行）》规定的前提下，门店可以设计符合额度规定的预储值型的会员卡。这种会员卡的大批量办理，可以让前期投资较大的门店迅速回笼资金，以此来保障店面的可持续性经营需要
3	解决客户裂变传播的问题	通过给特定人群赠送关联卡的方式，来让客户自我完成自发性的客户裂变工作，比如金钻石卡会员可以获赠 5 张银钻石卡会员，但是这张会员卡仅限他人激活使用，被激活后的会员与母卡会员之间可以产生利益关联
4	解决身份信息识别问题	对于一些只做会员业务的项目，可以通过会员的信息识别来判断消费者是否拥有会员身份，以此来决定客户是否有权限来店消费
5	其他方面	

会员卡的主要应用型分类

1. 按照会员卡的形态进行分类

（1）电子会员卡

【简单描述】电子会员卡是现在比较流形的类型，既经济环保，又前卫潮流，所以成为现在很多商家的热捧对象。

【应用形态】

● 微信会员卡，即基于微信来打造的一款电子会员卡。通过与商家微信公众号对接，消费者能够直接在微信上注册会员，查看个人积分、消费记录、余额，还能够修改个人资料以及充值、积分兑换、领取

优惠券，同时还能够给商家留言、与商家产生进一步的互动

● 手机会员卡，即以手机为会员卡，通过会员手机号或者内置的NFC芯片来识别与读取会员信息。NFC作为无线通信技术，安全高效，能够解决传统会员卡所带来的一系列问题

● 手机号识别卡，即商家通过用户的手机号来识别与读取会员信息，以此来衔接后端的会员业务体系

● 人脸识别卡，即商家通过识别用户的面部特征来识别与读取会员信息，以此来衔接后端的会员业务体系

（2）实物型会员卡

实物卡相信是大家最熟悉的会员卡类型。从市面上发行情况来看，目前会员卡主要分为磁条卡、IC卡、条码卡、可视卡。

2. 按照会员卡的功能进行分类

具体内容参见表3-41所示。

表3-41　会员卡的功能分类一览

序号	类别	简述
1	预付费会员卡	消费者将钱先支付给商家，商家给予消费者一定的权益，消费者日后可以凭借商家给予的会员卡，完成后续的消费支付环节
2	返现会员卡	这类会员卡一般有两种消费形态：一种是储值消费返现的形态，一种是累计消费返现的形态
3	积分会员卡	消费者每一次的消费可以等额或者差额获得积分额度，这个积分额度可以用来兑换商家指定的服务、产品
4	打折会员卡	消费者通过获取、累积消费额度后，获取一定的折扣优惠，以此来满足客户每次进店消费后均可获得相应折扣的权利，这个折扣权利可以是单品折扣型、多品折扣型、全品折扣型、虚拟产品折扣型、实物产品折扣型

（续表）

序号	类别	简述
5	次数卡	消费者通过预储值的方式提前获取某项产品、服务的使用次数，消费者在日后的消费环节中将不再出现金额的零散消费，取而代之的是次数的消耗
6	入门卡	消费者需要先支付一定的费用成为会员，才可以购买后端的服务内容
7	推广卡	此种会员卡一般不需要消费者、机构花费太多的金钱即可获得。机构可以将此类会员卡作为本店的福利发放给已有的会员，然后将这些会员导流至其他业态下的门店，从而获取其他门店成交后的分成

会员体系搭建的要点

对于门店经营者而言，可以先思考清楚上述的办卡目的，再去思考如何设计真正适合门店需要的会员管理体系，如此才能够让会员营销成为单店经营的利器，而不是给举步维艰的门店再背上一个前行的包袱。

对于会员体系的搭建，至少需要思考如下几个方面的内容。

1. 为什么要设计会员卡

设计会员卡，首先需要明确会员营销方式，需要重点解决单店经营过程中的最主要问题，切忌不要期望一张会员卡就能够解决单店所有问题。

2. 会员卡要有专属名称吗

可以根据自己所属行业特点、企业文化特点、产品特点、服务特点等方面的内容，有针对性地设计出能够让消费者耳目一新的会员专属名称。

3. 会员卡是电子卡好还是实物卡好

在当今时代，电子会员卡已然占据了时代的主流，实物型的会员卡貌似慢慢地退出了时代舞台。笔者认为电子会员卡可以实现几乎所有的会员属性功能，但是有一点是电子会员卡不能够代替的，那就是与众不同的实物会员卡给客户带来的视觉冲击以及记忆烙印。

最常见的实物型会员卡类似于银行卡的形状，这种大众化的卡片不能够给客户带来深刻的记忆烙印。但是，我们可以基于行业特点、企业文化特点、产品特点、服务特点等方面的内容，进行有针对性的设计，具体的设计思路可以参照表 3－42 所示内容。

表 3－42 实物型会员卡的设计思路

序号	设计思路
1	让看到会员卡的客户能够直接产生联想记忆，即看到你的会员卡就能够想起你的主营业务
2	你的会员卡一定要内置芯片，以便线上线下一体化使用
3	你的会员卡所制作的形态，一定要从贴近客户频繁使用的角度去设计，比如手机壳上面的装饰物、背包上面的吊坠、手上的戒指等类型
4	尽可能具备批量生产的属性特点，或者在批量生产会员卡的基础部分，店内再配有专属的定制机器，以此来完成会员卡的一对一设计的最后一道工序
5	会员卡的品质与客户的消费力相匹配，比如高端消费的场所可以配有高端的会员卡，如镶有南非碎钻的胸针型会员卡

4. 会员权益究竟需要包含哪些内容

会员的权益决定了门店的利益，也决定了会员的利益，所以这个权衡点的比重很关键，用一个简单的算法进行积分权益测算，那就是你计划再拿出占比多少的利润，让利给你的会员客户。这个利润比所对应的金额就可以作为你设置会员福利的参照数值。

市面上常见的会员福利如表 3－43 所示。

表 3－43 常见的会员福利设计模式

序号	常见的会员福利
1	满额送，比如充值 100 元，赠送 20 元
2	折扣式，比如储值 100 元，消费享受 9 折优惠
3	会员日，门店开业日定为会员日，会员每月 X 号可以享受额外福利
4	生日式，会员生日当天可以获赠神秘礼物一份
5	消费式，消费满 300 元，赠送价值 100 元的会员卡

（续表）

序号	常见的会员福利
6	新品式，会员享受新品尝鲜福利价
7	赠品式，储值100元会员卡，现场获赠会员大礼包1个
8	特权式，储值1000元的金卡会员可以走绿色通道
9	其他形式

对于大众常见的会员福利，门店很难脱颖而出，所以门店的经营者需要有针对性地设计自己的会员权益体系，在设计会员权益时，一定要结合门店已经确定的会员营销目的。

在设计会员权益时，需要注意如下几个方面的信息，如表3－44所示。

表3－44　设计会员权益时的注意事项

序号	注意要点
1	会员权益之中至少要包含这两类设计思路： ● 第一类是最强抓手，即让你的潜在客户群体看到这个权益后，有办卡的冲动 ● 第二类是超强黏合剂，即让你的客户在办卡后能够按照你设定的来店频次到店消费
2	文字内容的撰写一定要清晰明了，切忌不要使用模棱两可的字词进行描述
3	会员权益不要设计得复杂，保证每一个权益内容不超过5条信息
4	会员权益里面的内容一定是门店可以交付的服务，切记不要做空心承诺
5	会员权益中，能用数字表达的内容尽可能量化成具体的数字
6	会员权益可以根据会员的等级、产品的类别等方面的因素进行针对性的设计。不一定所有的会员都可以享受所有产品的优惠政策，比如设计成单品类会员权益、多品类会员权益、全品类会员权益等
7	会员权益可以设置成动态增加的方式，让会员有额外增加的惊喜感
8	会员权益中一定要将“最终的解释权”划归本店所有

对于会员权益的应用方面，门店经营者一定要注意如下几点，如表3－45所示。

表 3－45　会员权益应用方面的注意事项

序号	注意要点
1	会员权益一定要有确认信息，比如办理会员卡时，店面经营者一定要提醒客户仔细阅读会员权益内容，并签字（电子签名或者纸面签名均可）确认
2	会员权益在门店中一定要有公开展示的区域，以防门店经营者徒增解释成本

5. 是否需要进行消费积分关联

目前的市场现状是，绝大多数门店会员管理系统中，都会设有消费积分这个功能，但是绝大多数的门店对于这个功能的使用都比较鸡肋。最主要的原因是，单店的经营者在设计会员权益时并没有想好为什么要给会员开通积分功能？消费获取的积分究竟对消费者有什么好处？对于门店有什么好处？

在对积分作出正确的应用解读之前，需要先了解下积分开通后可能出现的一些麻烦，如表 3－46 所示。

表 3－46　积分开通的麻烦事一览

序号	麻烦事宜
1	积分兑换的礼品太廉价，因此无人愿意兑换。太值钱，又会直接影响单店的净利润
2	店面经营不善，给客户退了会员储值的钱，还会有客户询问会员卡里的积分怎么办
3	很多系统设置了消费提醒，但是没有设置积分到期提醒，从而导致积分到期消失，客户没有收到任何通知信息，最后造就了一场“辩论赛”
4	其他方面的问题

针对上述出现的积分问题，如果单店经营者计划通过设置积分的模式，来增加单店会员的福利，笔者建议从如下几个方面思考，如表 3－47所示。

表 3－47　通过设置积分来增加会员福利的思路提示

序号	思考方向
1	将积分设置成定期清零的模式，以此来刺激消费者与门店的互动
2	将积分兑换的礼品设置成动态变化型的产品，让单店的新品、滞销品成为积分兑换的促销品
3	常规做法是积分不能作为兑换现金的凭证，然而你可以尝试反其道而行之的做法
4	积分不可以相互转换、赠送，你可以尝试反其道而行之的做法
5	积分获取的方式不是只有消费才可以获得，还可以通过其他途径获得，比如推荐新客户、给门店做宣传等
6	积分兑换的权重可以与会员的权重相结合

6. 会员卡是否需要划分等级

对于绝大多数门店而言，笔者建议最好划分几个会员等级，因为不同等级的设定可以吸引不同消费力的人群，即使同样是 100 元/人的消费人群，也会出现消费力高低的区分。除此之外，会员等级的设定也更容易让会员卡推销出去。对于会员等级的分类，可以参照表 3－48 所示内容。

表 3－48　会员的等级划分

序号	会员等级划分标准
1	按照一次性充值额度划定会员等级
2	按照累积消费额度划定会员等级
3	按照特殊贡献方式划定会员等级
4	按照活跃度划分会员等级

7. 会员体系的运营载体是什么

如果你打算在门店植入会员营销模式，就一定要采用信息系统去管理单店会员，否则一定会出现各种问题。对于这个话题，笔者谈如下几个观点。

一是如果你是一个个体小店，建议你直接询问同行都在使用什么类型的收银系统，然后直接选择这种成品型单店版信息管理系统即可，切忌不要购买脱机版，这样的系统不一定符合你的需要。

二是如果你是一个连锁门店，建议你打听同行、类同行都在使用什么类型的收银系统。随着店面数量的不断增长，随着企业模式的不断变化，你会发现过往的收银系统中已经不能够满足当下的经营需要，你需要做的是将这个系统中存在的问题全部整理出来，然后再结合你期望达到的效果，最后去找相关软件公司进行定制开发。这种做法可以让定制的软件更加实用，也能够节省不少开发经费和时间成本。

8. 解决会员活跃度的活动是什么

不要认为办理完了会员，单店的活跃度问题算是获得了彻底解决。其实不是这样，如果门店不涉及增加会员活跃度的活动，会员主动上门消费的概率会大打折扣。

因此，门店的经营者需要针对会员用户，单独设计一些促进活动度的活动，活动的设计角度可参照表 3 –49 所示内容。

表 3 –49　提高会员活跃度的活动设计思路

序号	设计角度
1	每个月，单店都可以设置一个会员日。一般情况下，将单店开业的日期定为会员日，会员这一日来店消费可以享受优惠政策
2	每周可以选择一个进店人数最少的日子，将其设置成会员特权日，这一日可以让会员获得一个惊喜
3	针对会员的管理可以采用微信的方式进行，这样单店的经营者就可以在微信朋友圈中做每日特色活动

如果想让门店的经营业绩持续上扬或者保持鼎盛状态，就需要门店的经营者不断地去刺激消费，请记住“任何形式的消费都需要被提醒”。

9. 是否设计会员的身份特征

很多人不太理解身份特征是什么，笔者举两个例子，一个是 QQ 等级升高后不断点亮的图标；一个是挑战过不同品种的榴莲客户，他们会对应获得相应品种榴莲的特殊标识。通过这两个例子，相信大家对于会员的身份特征会有一个理解。对于不同的行业而言，单店的经营者可以根据自身的独特属性特点，有选择性地进行设计，在设计会员身份特征时，笔者建议会员身份特征应具备如下几个方面的属性，如表 3－50 所示。

表 3－50　会员身份特征设计时应具备的属性特征

序号	属性特征
1	会员身份特征一定要是和你的主营业务有关联的属性
2	会员身份特征尽可能具备连续晋级获得的属性
3	会员身份特征可以是实物，也可以是虚拟标识
4	要创造会员身份特征可以对外展示的环境与机会
5	要给会员身份特征撰写一个合情、合理的故事
6	要设置获得身份特征后的阶段性回报

10. 会员体系仅限于单店还是所有门店

决定这个问题的关键因素有三个：第一个是所有门店是否使用的是同一套管理系统；第二个是单店彼此之间的商品、价格、服务等方面保持相对一致；第三个是费用的结算是否能够实现总部与门店之间的财务数据动态对接。

上述三个因素缺一不可，否则笔者建议会员体系仅限单店独立使用，总部仅提供会员体系的应用指导工作。

11. 会员卡挂失、补办、变更类问题

无论是什么类型的会员管理系统，都需要做好这方面的准备工作，除此之外，在会员办理时，就需要提前将这些信息告知给新办理的会员。另外，还需要留下对方已同意门店提出的会员卡挂失、补办、变更等问题的处理方式的凭证。

12. 会员卡中需要登记的客户信息有哪些

一般情况下，会员卡办理时，绝大多数门店需要留下的客户的信息内容大都相似，但是也会因行业属性不同，而需要客户登记与众不同的信息。至于门店需要客户登记哪些方面的信息，可以参照表 3－51 所示的思路进行设计。

表 3－51　会员卡中需要登记的顾客信息一览

序号	思考方向
1	为了更好地成交客户而需要搜集的客户信息
2	为了保障合法经营而需要搜集的客户信息
3	为了门店经营安全考虑而需要搜集的客户信息
4	为了能够更好地服务客户而需要搜集的客户信息

13. 客户的退卡问题如何处理

任何行业的门店都可能会出现客户要求退卡的现象。对于客户退卡的问题，笔者建议门店经营者可以参照表 3－52 所示的问题思考方向设计出处理方案。

表 3－52　客户退卡问题的处理方案设计提示

序号	思考方向
1	门店在设计会员卡政策时，需要将退卡的说明提前告知客户
2	退卡时严格按照退卡说明及政策执行
3	退卡时引发的纠纷，如果门店能够拿出凭证证明自己是正确的，就按照规定执行，如果不能，则需要店面经营者与客户商定一个折中方案
4	退卡后，一定要留存客户自愿退卡的凭证，而且这个凭证必须要保存至少 3 年

14. 会员卡是否有升级、降级的规定

大部分行业都不会涉及这个功能，但是对于一些采用消费众筹方式，或者让消费者成为渠道传播者的门店，则可以将这个功能添加至会员管理体系之中。但是对升级、降级的相关规定要有一个明确的文件材料，且需要让每一个参与者都详细了解这个文件材料的内容，以避免出现纠纷。

15. 会员是否拥有活动叠加权利的问题

无论是哪一个行业，在设定完会员管理体系之后，都会遇到同样的问题，尤其是充值后的折扣型会员，他们在购买产品或者服务时已经享受了相应的折扣，如果再享受门店推出的特价商品或服务，单店在这个特价商品或服务上就有可能会赔钱。

因此，商家在设置会员管理体系时，尤其需要做好这方面问题的规避措施，如果你的产品毛利足够大，即使叠加优惠政策也不会有什么问题，那么你可以忽略。对于绝大多数的单店经营者来说，可以从如下两个方面去做好规避设计，如表3－53所示。

表3－53　会员卡权益设计时的规避性提示

序号	思考方向
1	在会员须知中明确标示出“会员不参与门店特价商品或服务的叠加优惠政策，除非门店经营者有特殊标明的除外”
2	在门店推出优惠政策时，可以明确地标志出此项服务或者产品，会员是否可以享受叠加优惠政策。切莫等会员购买了该产品或服务后再去口头告知，这个时候的告知最容易出现纠纷事件

16. 会员商品、服务的价格体系问题

门店经营者一定要熟悉单店中各类型产品、服务的价格体系，这个价格体系至少包括进货价、零售价、会员价、折扣区间这四个方面的内容，以免出现赔本赚吆喝的同时，还自认为赚了钱的尴尬状态。

17. 会员卡的有效期问题

对于门店的经营者而言，绝大多数的会员卡最好设置有效期，有效期的设置分为很多种情况，具体情况如表3－54所示。

表3－54　会员卡的有效期设计提示

序号	设置情况
1	消费者直接花钱购买折扣卡，这个折扣卡里没有储值额度，这类折扣卡一定要设置有效期，比如1年有效期，哪怕是第二年再续费1元即可激活，也需要设置个有效期。一旦这个折扣卡被认定为永久性折扣卡，而你的门店经营不可能是永久性经营，这之间就容易出现纠纷问题
2	消费者在门店充值办理了储值型会员卡，储值的费用在使用完毕之后，如果会员在30个工作日内不续充相应额度的费用，将不再享受此会员卡带来的福利政策
3	会员权益中的某些产品、服务也可以设置有效时间

18. 会员是否需要有义务

对于不同的行业而言，这一点可以根据产品、服务的属性特点，有针对性地进行设计，比如社区书屋的会员，在享受相关权利时，需要帮助社区书屋发布宣传广告信息、捐赠二手图书等。

19. 是否需要设计加入会员的资格问题

对于加入资格，可以从两个角度进行设计：一是能够让人印象深刻的、俏皮型的设计，比如某快餐行业的会员加入条件为“如果你不喜欢物美价廉的午餐，请不要加入我们的会员”。

另外一个角度是行业的属性特殊，所以必须设置一些加入门槛，比如某男士会所的会员加入条件为“女性客户一律谢绝服务”。

第八节　要点八：与时俱进的学习才是王道

对于绝大多数的人群来说，在步入社会之后，都很少能够静下心来去学习。

对于新时代的单店经营者而言，他们不再是文化素质偏低的群体，而是学历相对较高，相当一部分群体都拥有大专以上的学历。这些学历的背后其实是过往学习力的一种体现，但是这种学习力，如果不能够在日常的工作、生活中得到很好的延续，学历也就只能成为过往的一纸凭证。

之所以在门店的经营环节中穿插学习力环节，最主要的原因在于，笔者认为一个拥有很强学习力的人，才是让单店拥有持续生命力的最重要因素。笔者之所以下这样的结论，源于表3－55所示的内容。

表3－55　门店经营者不断加强学习的原由

序号	依据来源	为什么要学习
1	客户都不爱刷朋友圈了，都去玩抖音了	客户在哪里扎堆，哪里就是我们的战场。如何掌握新时代的营销手段来解决新时代产生的问题，不学习不行

（续表）

序号	依据来源	为什么要学习
2	发布的广告信息总是跟不上时代节奏	每个产品都有一个“时尚”的领域，如果我们不能坚持每天关注这个领域的最新信息，我们就不可能将“时尚”引入到经营活动中。不学习不可以
3	新产品不会介绍	门店新进的产品不会介绍，需要去学习这个产品的关联知识
4	新设备不会使用	门店新引进的设备需要安装、调试，就需要去详细了解。且这个了解分为两个层次：一个是深度了解，即这个产品出现的基础故障，自己可以独立完成维修；一个层次是浅层了解，即仅达到产品的安装、调试、使用的水平
5	行业发展方向不清楚	行业举办的各类型活动不去参加，后来发现大家的经营方式都在不断革新，而自己始终墨守成规于过往的经验。如果不学习，首先被淘汰的就是这种类型的单店经营者

表 3－55 所述的情况仅为冰山一角，如果你想在与时俱进的时代中奋斗，那么，与时俱进的学习必不可少。在此，很多人都会对学习有一个误解，认为每天拿着书本看书才是学习，其实不然，学习的方式有很多种，比如表 3－56 所示的内容。

表 3－56　门店经营者日常学习的方式一览

序号	学习的方式
1	每天观看行业新闻，了解行业动态是一种学习
2	将店面经营过程中遇到的问题一条条整理下来，然后向相关人士请教，这也是一种学习
3	参加本行业、相关行业的各类型活动，也是一种学习
4	将自己的问题通过互联网中的“问答类”网站提问，网友们的提示也是一种学习
5	通过阅读自己感兴趣的书籍，也是一种学习

（续表）

序号	学习的方式
6	通过聆听不同领域人群的专业分享，这也是一种学习
7	向比自己强的人取经，这也是一种学习
8	在逛街时，观察身边每一个店的装修方式、陈列方式、活动政策、宣传方式等方面信息，这也是一种学习
9	其他方面的学习

如果你的脑海中装着一个梦想，而这个梦想又有了努力的方向，你朝向这个梦想迈出去哪怕只有0.1毫米，这都是一种前进。所以，学习不要拘泥于某种形式，只要是能够让你成长的学习方式就是最好的学习方式。

笔者在学习各类型知识时，有几点心得体会供参考，如表3－57所示。

表3－57　门店经营者日常学习心得体会

序号	学习心得
1	不要丢失你捕获的猎物。你在学习时，突然间发现这个观点特别正确，一定要随手将这个观点记录下来，日后你可能再也想不出这个观点具体在表述什么意思
2	不要让突然间的灵感跑掉。无论你采用什么类型的学习方式学习，这个过程中一定会有灵光一闪的创意，这个创意如果你不能及时记录下来，你和它可能是一辈子的擦肩而过
3	像牛一样咀嚼储备的知识。被你记录下来的知识点，都曾经打动过你，之所以会打动你，是因为这个知识点和你现在所从事的事情同频，所以你需要将过往整理的知识反复查看，然后去思考，你一定会发现不一样的天空
4	经常性地分类整理你的知识。你学习到的东西，一定要学会经常性地分类整理，建议你学会使用“思维导图”，将知识点分类整理，分类整理的过程其实是不断整理思路的过程。这个过程会让你发现知识点的空白处，指导你应该去学习哪方面的知识
5	学会收藏你的学习方式。学习的方式很多种，慢慢地，你会发现最适合你的学习方式屈指可数，你需要做的就是将最适合你的学习方式收藏起来，以便让你的坚持有陪伴和依靠
6	让自己保持空杯的状态。坚持学习一定能够让自己有所建树，但是你需要始终保持一个空杯的心态，否则，你的大脑很难装下新的东西。不是大脑的容量不够，而是你的内心给你的大脑上了一把锁

第九节　要点九：单店经营中的小本本

这个小本本可以是电子版的备忘录，也可以是纸质版的经营日记本，至于是哪一种形式不重要，重要的是单店的经营者要养成记录的习惯。因为记录单店每天的经营状态本身并不难，最大的挑战在于每天坚持下去。

对于这个单店经营的小本本，一般会记录哪些方面的内容，如表3－58所示。

表3－58　门店日常经营的记录事项提示

序号	记录内容
1	一定要及时记录自己的临时创意
2	一定要注意记录客户的建议
3	一定要记录经营问题
4	一定要记得及时梳理接下来要做的工作
5	一定要及时整理客户案例
6	一定要及时整理自己的思路
7	一定要及时记录自己的困惑
8	一定要及时记录单店经营时的突发状况
9	一定要记录今日经营的出色之处
10	一定要记录服务流程中出现的纰漏
11	一定要记录你认为重要的事情

对于一个门店而言，每天可以记录的事情看似很多，但是在实际经营过程中你会发现，你刚开始记录时的信息量可能会很大，随着各种出现的问题被解决，需要记录的信息开始不断减少。然而被记录的信息其质量越来越高。

记录这些信息有什么作用呢？作用主要表现在两个方面：一方面可以不断地自我优化单店的经营状态，另一方面是为单店经营标准化做准备工作，如表3－59所示。

表 3－59　门店日常经营记录及对应的制度手册一览

序号	记录内容	对应手册名称
1	一定要及时记录自己的临时创意	这些信息可以用于优化单店的服务、产品、营销、活动等方面
2	一定要注意记录客户的建议	这些信息可以用于优化单店的服务、产品、营销、活动等方面
3	一定要记录客户经常询问的问题	《单店经营常见问题与回答手册》
4	一定要记得及时梳理接下来要做的工作	《单店各岗位职务描述手册》
5	一定要及时整理客户案例	《单店经典案例集》
6	一定要及时整理自己的思路	这些信息可以用于优化单店的服务、产品、营销、活动等方面
7	一定要及时记录自己的困惑	《单店经营常见问题与方案解决手册》
8	一定要及时记录单店经营中的突发状况	《单店经营突发事件与应对策略手册》
9	一定要记录今日经营的出色之处	这些信息可以用于优化单店的服务、产品、营销、活动等方面
10	一定要记录服务流程中出现的纰漏	《单店服务流程与规范手册》
11	一定要记录你认为重要的事情	其他类型的单店手册

第十节　要点十：用平常心去经营单店

对于绝大多数的单店经营者而言，尤其是创业类型的单店经营者，一定会涌入“焦虑”大军之中，单店生意好的时候会焦虑，单店生意差的时候也会焦虑，出现的焦虑点如表 3－60 所示。

表 3-60　门店日常经营中易出现的焦虑问题一览

序号	焦虑点	心理疏导
1	新品万一不行怎么办呢	沙盘模拟一千遍，不是实际走一遍。每个人都能保证自己推出的任何一个新品都会火爆。然而，作为经营者，我们需要保持平和的心态，做最全的准备，记录好新品推出的各个环节状态。成功了，我们欢喜；失败了，我们总结经验。每一个成功都建立在多次失败的基础上
2	活动如果没有人呢	你只要举办活动，就一定会有人参加，只是参加的人数多少问题。不用过分焦虑，至少还有我们提前准备好的人群能够到场参加
3	得罪了一个客户怎么办呢	虽然这是一个“人人都是自媒体”的时代，但是单店经营的是一类客户群体，不是单独的个体，虽然我们因为失误而得罪了一个客户，但是只要努力改正之前出现的问题，一定会迎来更多的客户
4	这类产品为什么无人问津呢	我们需要做的是正视无人问津的产品。产品无人问津，我们需要思考是陈列问题、价格问题、活动问题、特色化问题，还是其他方面的问题。如果没有得出明确答案，那就让这个产品先存在着
5	政策介绍错误怎么办呢	我们要勇于面对自己的错误，向客户坦诚，如果客户只愿意接受过往的政策，最好的做法就是为自己的失误买单，权当作成长道路上交的学费

表 3-60 所示的问题，仅为单店经营者焦虑点的冰山一角，作为单店经营者，我们需要时刻保持一颗平常心，因为焦虑的情绪解决不了任何问题，反而会影响作出本应有的明智决策。

第十一节　要点十一：你的消费者会帮你决策

作为单店的经营者，你需要做的一个重要的事情就是不断地研究你的消费者，因为你在作活动方案制定、新品研发方向、活动政策制定策略、套餐组合方式、会员制定目标、经营淡旺季等方面的决策时，消费者都可以给你一个明确的方向。比如你发现进店的客户主要集中在每周五、六晚上，而其他的时间点，客户主动进店的数量明显不足。其实这就等于消费者给了你一个制定活动方案的方向，你需要针对明显人数最少的那一天制定一个活动，用来吸引有时间来店消费，但是缺少来店消费理由的那部分群体。

比如你发现你的客户喜欢在你的店里一边聊天一边吃东西，而且一呆就是很长一段时间。但是你的店里却没有饮品类的产品，这个时候客户的消费习惯其实就是在给你一个增添新品类的暗示。

比如你发现客户总是习惯性地在网上点餐，而不是进店消费，但是网络点餐需要客户额外支付较多的费用。这个时候你就可以向距离你较近的客户，推出充值会员送配送服务的活动。试想一下，你的业务一定可以获得提升，而且在这个过程之中，你增加了储值金额、减少了平台抽成，还用心地服务了客户群。

诸如上述的例子会有很多，作为单店的经营者，你需要做的就是不断地观察你的消费者，至少如下几方面的信息需要注意，如表3－61所示。

表3－61　门店日常经营中要注意观察的消费者事项一览

序号	观察方面	信息解读
1	性别比例	根据进店客户的男女比例情况，单店可以做出有针对性的调整，比如将男性客户作为主要服务对象，将女性客户作为主要服务对象等
2	年龄区间	根据年龄区间，可以推测出本店的客户消费主力主要集中在哪个年龄段，而这个年龄段的群体会有哪些方面的消费偏好。单店经营者就可以根据这些信息，有针对性地制定他们喜欢的活动类型、活动频次、主推产品等方面的内容

（续表）

序号	观察方面	信息解读
3	地域分布	根据主要分布的区域，可以制定下一步重点推广的计划，比如距离单店距离较近的三个社区，目前只有一个社区进店的客户相对较多，那下一步门店则需要加大对另外两个社区的宣传工作
4	消费时段	每个店面在日常的经营过程中，都会出现非常明显的高峰期和低谷期，作为店面经营者，在经营店面一段时间之后，就能够找寻到这个规律。找到这个规律后，需要做的就是依据这个规律，合理地去安排自己的工作时间。对于店面经营者而言，无论是店面生意冷清还是火爆，都要拿出一定的时间去进行店面周围市场的开拓，这种开拓既可以是地推式的营销，也可以是借助互联网功能的营销
5	消费习惯	客户选购每一种商品、服务都有规律可循，如果在规律范围内，客户没有来店消费，最有可能去了其他店面，离开了现在生活的物理圈层，或者说改变了自己的生活状态等因素。因此，如果店面的经营者能够掌住客户的消费规律，就可以将绝大多数的客户长期留存在店内。 消费者的消费规律，一般与店面经营的商品或者服务有着直接关系，比如一个榴莲爱好者，他每个月至少会来店消费 3 次；比如一个成年男性，他每个月基本上都需要理发一次等。 这些消费规律有些是生活常识，有些通过店面的经营观察就可以得出，有些需要通过会员管理数据进行后台分析得出。总而言之，无论店面的经营者通过什么方式掌握到消费者的消费节奏，最重要的还是要结合这些客户的消费节奏，设计出能够充分调动他们消费节奏的活动方式，或者是日常维系客户的方式，以此来让每一个客户都活跃在经营者的经营节奏之中

（续表）

序号	观察方面	信息解读
6	消费金额	虽然任何一个行业的单店都会有预设定的人均消费额度，但是在实际经营过程中，哪怕是同一个品牌旗下的同一类型的店面，也会出现有些店面的客单价很高，而有些单店的客单价很低。对于这个情况，作为单店的经营者而言，你需要做的就是真实地去了解这个区域的消费者的真实消费力。如果这个区域的消费力没有问题，只是你的单店消费力上不去，你就需要在产品、服务的套餐组合上面多下功夫。如果是这个区域的客单价本身就不高，你就需要通过增加新客进店数量，以及消费者的复购频次来解决单店营业总额的问题
7	消费频次	对于同一个单店而言，有些客户的消费频次相对较高，有些客户的消费频次偏低，可能有的消费者进店消费一次之后就再也没有进过店。面对这些数据信息，我们需要思考这些数据的背后，应该做哪些方面的工作，比如筛选出消费频次较高的客户，把他们作为单店的重点客户去维护，这样可以让这些客户能够长期留存，还可以请这些客户介绍更多的新客户进店。而对于进店一次再也没有来过消费的客户，我们可以设计一个吸引客户二次进店的活动，比如消费满 100 元、送 10 元代金券，可用于下次进店使用
8	偏好品类	偏好品类可能会出现在门店的所有客户中，比如绝大多数进店的客户群体都喜欢点单店的某一类产品，这个产品日后就可以成为单店的招牌性产品。比如单店的某一个客户特别偏好某一类产品，我们就可以将这类客户群体做一个单独的备注，等到单独做这类产品的活动时，此类客户群体将成为消费主力。另外，能够成为此类活动的消费主力还需要建立在一个前提条件下，就是单店的经营者可以有针对性地将活动信息传递给这类群体

（续表）

序号	观察方面	信息解读
9	进店停留时间	进店的停留时间需要依据不同的经营业态去分开解读。笔者举两个例子，客户进店后未消费，转身就走，对于任何行业来讲都是一个损失。作为单店的经营者需要思考客户进店为什么这么快就离开，是服务问题？产品问题？如果是一个快餐店，客户吃完饭迟迟不离开，这个时候作为单店的经营者就需要思考，如何让吃完饭不离开的客户尽快离开，以此来满足单店经营的翻台率问题
10	其他方面	只要用心去琢磨客户，你会发现很多关于消费者的消费数据，可以根据反馈信息得到单店经营过程中应该走的正确方向

如果想经营好一家店面，你一定要学会维系好你的客户，尤其是一些特别重要的客户。

如果你想维系好这些客户，你最起码需要做到对这个客户非常地熟悉和了解。如果你连这个基础工作都做不到，你一定不能够很好地进行客户维系。所以，你正确的选择是通过客户档案的建立、客户信息的反复回忆等方式来记住你的客户，能够随口讲出你与客户之间发生的小故事。能够做到这一点，你的客户一定也会给你带来意外的惊喜和回报。

附件1　企业核心战略及商业主体运营计划

企业核心战略设计思维

对于一个企业而言，如果没有明确的战略设计，企业就会迷失发展的方向、丢失市场的竞争力、浪费已有的资源等，从而很难让企业真正地塑造出消费者认可的品牌。

在进行企业战略设计时，尤其是采用了社交店商模式发展的企业，在进行战略设计时一定要与时俱进，以此来保障企业战略的真实可行性。

为了能够让企业在战略制定时少走弯路，笔者建议企业的战略制定者可以参照表3-62所示的思维角度。

表3-62　创新性战略制定思维一览表

序号	思维角度	思维解读
1	联锁思维	● 对于盟主方而言，可以寻找同行、相近行业的企业，采用联采、联厂、联销的方式捆绑在一起，形成新经济联盟体，共同应对市场变化 ● 对于门店而言，可以与单店所在商圈内的同类消费者的商家进行客户共享式的联合，也可以与商圈外的同类型单店进行产品、服务嫁接式合作

（续表）

序号	思维角度	思维解读
2	平台思维	● 寻找具备同类消费者的企业，组建平台联盟体 ● 寻找能够满足同类消费者、不同消费需求的企业，组成平台联盟体
3	电商思维	● 虚拟店铺的经营需要让客户拥有尽可能真实的体验感 ● 一店开设、全国售卖的形式 ● 善于借助最前沿的网络技术来推动店面的发展
4	社交思维	● 善于给每一次消费设计一个售卖场景 ● 基于社交的属性特点进行活动设计 ● 选择最容易贴近消费者消费需求的高质量产品 ● 让买卖双方的服务关系变成好友间的相处关系 ● 善于利用主流社交软件来实现商品价值信息的传递
5	垂直产业思维	● 打通源头至消费终端的商品流通环节 ● 不断缩减流通成本 ● 让消费需求直达商品源头
6	连锁思维	● 布点、连线、成面、构体：通过直营店、加盟店，以及各个店面再次下放的代理点、代售点、社区团长等形式来实现布点的工作；通过不断增加的店面数量、点位数量来实现连线成面的效果，以此来实现整个企业整体的良性运转 ● 复制成功、克隆财富、制造老板思维：让点位、店面的成功运营经验，能够被标准化成可复制的状态，让更多的新加入者能够快速地获得成功的经营经验，让早已加入的伙伴能够不断地提升自己的经营能力，以此来不断地优化整个企业的运转水平 ● 借力打力、四两拨千斤思维：借助来自加盟商的人力、物力、财力、智力以及其他方面的资源来帮助企业掌握终端、建设渠道、塑造品牌

（续表）

序号	思维角度	思维解读
7	爆品思维	● 做细分品类的开创者 ● 打造市场尖刀产品，迅速跟进利刃型产品 ● 明确爆品的价值与用途 ● 不断地创造流量品的精神 ● 给爆品创造完整的售卖场景、活动、道具等内容
8	分享经济思维	● 认识到消费者消费分享的真正价值 ● 善于利于消费者的社交账户，进行商品价值信息的传递 ● 给客户的信息传递创造回馈政策 ● 市场渗透、无孔不入思维
9	用户思维	● 连结终端消费者思维，及时把握消费者的真实需求 ● 以客户需求为导向，有针对性地设计产品、售卖场景、渠道建设等 ● 设计可以持续性、有针对性地维系客户的模式、软件、策略
10	现金流运营思维	● 建设完整的现金流管控系统 ● 给每一个流通环节设计出相应的利益体系 ● 将消费者（储值会员）、单店、供应商的现金流全部转化成企业可以自由运营的资金池，并让资金池不断地产生价值

企业核心战略及运营计划模板

企业在进行战略设计时，至少要包括如下几个方面的内容（如表3－63所示）。

表3－63　创新性战略制定思维一览表

序号	主要战略内容	设计角度
1	核心定位战略	● 明确企业发展的战略目标

（续表）

序号	主要战略内容	设计角度
2	产品战略	● 明确爆品方向 ● 明确产品线方向 ● 明确产品未来研发方向
3	实体店战略	● 明确单店盈利模式方向 ● 明确单店社群运营模式方向 ● 明确单店选址方向 ● 明确单店类型方向 ● 明确单店面积区间方向 ● 明确单店主要设备、器材方向 ● 明确单店人员构成方向 ● 明确单店空间识别系统方向 ● 明确单店平面识别系统方向 ● 明确单店行为识别系统方向 ● 明确单店声音识别系统方向 ● 明确单店文化识别系统方向 ● 明确单店温度、湿度、影像、气味等系统方向 ● 明确单店投资回收方向 ● 明确单店物流方向
4	电商管理系统战略	● 明确线上、线下功能界定 ● 明确载体平台方向 ● 明确使用者方向 ● 明确利益分配方向 ● 明确总部、单店主要功能方向 ● 明确会员主要政策方向 ● 明确社交营销模式方向 ● 明确产品构成方向
5	渠道战略	● 明确渠道层级方向 ● 明确渠道政策方向 ● 明确渠道开拓策略方向 ● 明确渠道建设策略方向 ● 明确渠道转化策略方向
6	价格战略	● 明确产品零售价格制定方向 ● 明确产品促销价格制定方向 ● 明确各层级渠道的产品价格制定方向

（续表）

序号	主要战略内容	设计角度
7	服务战略	● 主要服务内容方向 ● 主要服务标准方向
8	人员战略	● 明确总部主要人员架构、职能、职责方向 ● 明确单店主要人员架构、职能、职责方向
9	文化战略	● 明确总部文化方向 ● 明确单店文化方向 ● 明确加盟商文化方向 ● 明确消费者文化方向 ● 明确供应商文化方向
10	营销战略	● 明确总部营销方向 ● 明确单店营销方向
11	竞争战略	● 明确企业现阶段竞争力方向 ● 明确企业未来竞争力发展方向
12	品牌战略	● 明确单品牌、多品牌发展方向 ● 明确品牌塑造方向 ● 明确品牌建设主要策略方向
13	资本战略	● 明确资本来源主要方向 ● 明确资本用途主要方向 ● 明确融资形式主要方向
14	加盟连锁费用战略	● 明确费用项目方向 ● 明确费用激励政策方向 ● 明确费用下一步提升方向
15	专利、知识产权战略	● 明确潜在专利、知识产权项目方向
16	物流战略	● 明确总部物流方向 ● 明确单店物流方向
17	供应商战略	● 明确现阶段供应商选择方向 ● 明确现阶段供应商合作模式方向 ● 明确未来供应商选择方向 ● 明确未来供应商合作模式方向
18	地域战略	● 明确各地域市场开拓方向 ● 明确各地域市场政策方向 ● 明确各地域市场用途方向

（续表）

序号	主要战略内容	设计角度
19	关系资源战略	● 明确企业现阶段拥有的资源方向 ● 明确企业未来可拥有的资源方向
20	其他战略	● 依据不同的行业、企业、产品、经营策略等内容制定的战略内容

附件2　IP形象

以市场为导向、以消费者为中心，才能够让企业更具生命力。现在的消费者、加盟商，都具备年轻化、互联网基因、喜欢个性化等属性特点。

面对新一代的消费者、面对新一代的加盟创业者，作为企业的掌舵者，当然需要重新审视这个时代的市场环境，究竟该如何突围。既然要突围，就一定要找清楚突围的方向，如此才能够事半功倍。

对于新时代的企业而言，突围点不是去采用新的媒体去招募新的加盟商，而是一切以终端消费者为核心去突围，因为你的消费者是你最优质的加盟商的来源，是你真正能够在逐浪市场中平稳发展的根基。

这一代的消费者不仅需要具备功能属性的优质产品，还需要了解这个产品背后的品牌文化。面对这样的需求，连锁品牌方需要的不是通过传统方式进行信息的传递，比如官方发布的长篇大论、附着在产品使用说明书中的信息介绍、规规矩矩录制的视频等内容的呈现形式，这些都与这个时代的消费者产生了代沟，他们想了解信息的方式，不是你所给予信息的方式，如此一来，看似努力的呈现，最终却成为了无用功。

新时代的消费者喜欢了解的信息方式具备如下几个方面的特点，如表3－64所示。

表 3－64 消除者偏好的信息获取方式

序号	特点描述
1	喜欢碎片化地了解内容
2	喜欢生动有趣的内容
3	喜欢持续性地去了解内容
4	喜欢与众不同的内容
5	喜欢短小精炼的内容
6	喜欢萌文化的内容
7	其他方面

面对上述情况，企业者应该及时地改变信息传递的角度和方式。对此，笔者建议连锁企业，可以从塑造具备人格化的企业吉祥物开始。企业吉祥物是指企业为了强化自身的经营理念，在市场竞争中建立良好的识别形象、突出产品的个性特征而选择有亲和力的、具备特殊精神内涵的事物，以富于拟人化的象征手法且夸张的表现形式，来吸引消费者注意、塑造企业形象的一种具象化图形的造型符号。

对于企业吉祥物而言，许多连锁企业都有设计，但是这些被设计出来的企业吉祥物大都沦落成一种摆设，最多做成了一款毛绒玩具，之后就再无过多应用。

为了能够很好地应用这些企业吉祥物，首先需要企业能够用正确的态度去重视企业吉祥物，将企业吉祥物打造成消费者的主要识别系统。

在打造属于企业自己的吉祥物时，可以从如下几个角度去思考。

1. 吉祥物设计的基本原则

企业吉祥物是企业的代言人，可以具备企业很多方面的属性。如果不能够将吉祥物设计出符合企业的属性特点，符合消费者的直接感官认知，那么这个吉祥物的设计就非常失败。

为了规避吉祥物设计时的普遍问题，可以参照如下几个原则（如表 33－65 所示）。

表3－65　企业吉祥物的设计原则

序号	设计原则
1	充分体现企业的独有属性特点
2	形象符合大众的审美特点
3	形象具备清晰明了的辨识度
4	易于进行周边衍生品的应用
5	形象新颖独创，切忌模仿
6	人格化处理吉祥物的整体风格

2. 设计一款具备识别能力的吉祥物

许多连锁企业在进行企业吉祥物设计时，并没有从消费者的角度去思考，而是站在企业的主观臆想角度去思考，从而设计出来的企业吉祥物并不能够走进消费者心中。在进行吉祥物形象设计时，首先需要考虑的就是要让消费者能够透过吉祥物而快速地识别出企业的产品属性特点。

对于具备识别能力的吉祥物，企业可以从如下几个角度进行设计（如表3－66所示）。

表3－66　具有识别能力的吉祥物设计时的思路提示

序号	思考角度
1	产品形象转化角度
2	服务形象转化角度
3	创始人形象转化角度
4	企业文化转化角度
5	行业属性转化角度
6	独特地域特征转化角度
7	品牌故事的转化角度
8	其他方面的转化角度

3. 吉祥物要有独有的性格特点属性

在进行吉祥物运营过程中，以内容的呈现为例，所有内容的文字描述、表现风格等方面，都需要以吉祥物独有的性格特点为轴心进行呈现，如此才能够让消费者记住这个吉祥物，记住这个与众不同的产品介绍风格等内容。

所以，吉祥物独有的属性特点，需要结合企业的文化、产品属性、行业特点等要素点进行综合设计，需要设计的内容如表3－67所示。

表3－67 吉祥物设计时的属性特点（内容）一览

序号	设计内容	备注说明
1	姓名	吉祥物一定要有一个自己专属的名字，而且这个名字一定要通俗易懂，要能够与品牌产生关联性
2	性别	吉祥物设计时可以男性、女性、中性三种性别主体进行设计。对于特殊行业需要明显进行性别界定时，可以有针对性地进行性别的界定
3	籍贯	一般情况下，吉祥物的籍贯可以从企业总部所在地、产品的源头等方面进行设计
4	出生日期	这个出生日期可以与企业的成立时间相关联
5	年龄	随着年龄的不断增长，企业吉祥物的形象也可以不断地更新迭代
6	性格	这一点尤其重要，因为性格特点决定了企业未来采用吉祥物进行内容呈现时的语言表达风格，也决定了吉祥物日后的形象表现
7	身高	这个属性可以结合企业的产品特点进行设计
8	体重	这个属性可以结合企业的产品特点进行设计
9	星座	这个可以对应吉祥物的出生日期进行设计，在日后的应用中可以多一些表现形式
10	生肖	对应吉祥物的出生日期进行设计，在日后的应用中可以多一些表现形式
11	家庭情况	如果企业打算以吉祥物作为一个内容创作主线，就可以围绕吉祥物创作一个家庭套系，比如男版吉祥物、女版吉祥物等

（续表）

序号	设计内容	备注说明
12	工作情况	吉祥物的工作情况可以参照企业创始人的工作状态，或者是多岗任职的工作状态去描述，以凸显企业正能量的文化为主
13	经济情况	可以从经济状况的描述，来凸显吉祥物现阶段的奋斗状态，也能够凸显出企业发展中的奋斗状态
14	饮食习惯	饮食习惯可以有明显的偏好，尤其是对于从事餐饮类的企业。如此一来，企业就可以从吉祥物的角度，进行餐饮类产品的详细描述
15	个人喜好	可以从衣、食、住、行、娱、学、游等方面详细地阐述吉祥物的个人喜好，然后在这些个人喜好之中尽享与企业主要经营产品的关联
16	特长特点	吉祥物要有自己明显的特长特点，而且这个特长特点还要与企业进行关联
17	座右铭	吉祥物的座右铭是企业的文化理念之一，通过吉祥物的具象呈现，来进一步进行文化理念的通俗化传播
18	毕业学校	很多企业都会有企业大学、企业商学院，那么吉祥物的毕业学校自然来自这些地方
19	婚姻状况	单身有单身的故事，恋爱有恋爱的故事，结婚有结婚的故事。总而言之，吉祥物要有一个清晰的婚姻状况定位，以便围绕它进行内容的扩展式创作
20	民族	民族的界定决定了吉祥物的界定，决定了文化信仰的不同，决定了吉祥物未来故事撰写方面的不同。因此，企业要给吉祥物一个明确的民族属性定位

（续表）

序号	设计内容	备注说明
21	其他方面	对于一些有特殊需要的企业，可以有针对性地给吉祥物设计一些属性特点

完成上述内容的设计之后，企业的专责部门在对吉祥物进行内容创作时才会更加的精准，才能够让内容更加丰富、生动。

4. 清晰明了地应用吉祥物

在完成吉祥物的形象设计和属性设计之后，可以从如下几个角度去考虑吉祥物的应用场景（如表3－68所示）。

表3－68 吉祥物设计时应用方向提示

序号	应用方向	备注说明
1	文化故事类	可以将吉祥物应用于文化故事之中，让吉祥物成为故事的主角。让主角通过各类型的故事，将企业的产品、服务等内容进行阐述。如此一来，就可以让生硬的信息变得生动、形象
2	表情包类	可以在聊天时采用吉祥物进行对话，可以加大消费者对企业形象的印象，凸显出企业的专业度
3	公仔类	设计制作出来的公仔，可以采用毛绒玩具或者树脂玩具两种形态。对于形象比较简单的吉祥物，可以采用毛绒材料进行制作；对于形象比较复杂的吉祥物，可以采用树脂材料进行制作。制作完成的公仔可以作为礼品、赠品、商品进行应用
4	衍生用品类	可以将吉祥物应用在各类型的产品、包装材料、生活用品（雨伞、笔记本、笔、手提袋、收纳盒等）等方面，以便让不同形态的吉祥物形象深入人心
5	宣传用品类	在企业的网站、招商手册、店面海报、人型玩偶服、门店雕塑等各类型的宣传渠道（媒介）之中，均可以应用企业吉祥物

（续表）

序号	应用方向	备注说明
6	其他应用类	企业可以依据自身的提点，开创性地将吉祥物应用于更多的领域，比如吉祥物造型的包装盒、产品等

5. 多维度地进行吉祥物形态的呈现

一提到吉祥物，很多人脑海中首先反映出来的是毛绒玩具，但是在实际的应用过程中，吉祥物的呈现形式可以有很多种形态，如表 3－69 所示。

3－69　吉祥物呈现形态一览

<table>
<tr><th>序号</th><th colspan="3">应用形态</th></tr>
<tr><td>1</td><td rowspan="5">电子类</td><td colspan="2">平面类图片</td></tr>
<tr><td>2</td><td colspan="2">GIF 动画类</td></tr>
<tr><td>3</td><td colspan="2">连载动漫类</td></tr>
<tr><td>4</td><td colspan="2">视频动画类</td></tr>
<tr><td>5</td><td colspan="2">其他应用类</td></tr>
<tr><td>6</td><td rowspan="7">实物类</td><td rowspan="2">平面类</td><td rowspan="2">将吉祥物的形象采用打印、雕刻、印刷、粘贴等工艺，应用于不同材料的平面物品上面</td></tr>
<tr><td>7</td></tr>
<tr><td>8</td><td rowspan="5">立体类</td><td>毛绒类</td></tr>
<tr><td>9</td><td>树脂类</td></tr>
<tr><td>10</td><td>泥塑类</td></tr>
<tr><td>11</td><td>合金类</td></tr>
<tr><td></td><td>其他类</td></tr>
</table>